中国传统节日文化研究

王立◎著

中国农业出版社

北　京

　　中国传统节日，是中华民族在悠悠历史长河中精心雕琢的瑰宝，历经数千年岁月的洗礼与沉淀，构建起一套底蕴深厚、别具一格的节日体系。它们以一种无形而坚韧的中华力量，紧密串联起民族过往的珍贵记忆、世代坚守的价值观念、质朴纯粹的情感寄托，以及独具特色的生活模式，成为国家与民族文化历经岁月打磨后的生动画面。中国传统节日是以历法时间为依据，举行庆祝或纪念活动的特定日子，具有社会性、民俗性与文化性的特点，成为中华民族情感的集体表达。从历史文化视角深入审视，中国传统节日绝非是简单的时间刻度，它是民族文化基因得以延续、传承的关键脉络，是民族精神在千载岁月中持续彰显的鲜明符号，是人类社会发展、演进至特定历史时期人民智慧的伟大结晶，宛若一座承载着民族精神与情感的厚重宝库，每一个角落都镌刻着岁月的痕迹与民族的印记。

　　新时代下，我们要以更大的力度、更实的措施加快建设社会主义文化强国，培育和践行社会主义核心价值观，推动中华优秀传统文化创造性转化、创新性发展，让中华文明的影响力、凝聚力、感召力充分地展示出来。中国传统节日文化从古老岁月绵延至今，它始终是维系国家统一、促进民族团结以及保障社会和谐、稳固的精神纽带，更是我们建设社会主义先进文化进程中不可或缺的宝贵资源。中国传统节日文化作为中华传统文化的核心组成部分，凭借着其顽强的生命力、强大的凝聚力和非凡的感染力，通过丰富多彩的民间仪式，将中国人古往今来对美好生活的无限向往与美好愿景代代相传。

中国的传统节日形式多样、内容丰富，是我们中华民族悠久历史文化的重要组成部分。汉族传统节日近 50 个，主要节日有元旦、除夕、春节、元宵节、立春、寒食节、清明节、端午节、七夕节、中秋节、重阳节、冬至、腊八节等。各少数民族的传统节日同样别具特色，如藏族的雪顿节、傣族的泼水节、彝族的火把节等。这些节日借助民歌、舞蹈、民族服饰、美食、手工艺术、仪式表演等丰富的形式，展现出独特的文化魅力，成为民族身份与传统节日文化的鲜活标识。

本书精心挑选了七个具有广泛影响力与深厚文化内涵的主要传统节日进行深度剖析，旨在引领读者探寻其起源、发展轨迹，了解流传甚广的民间传说与历史典故，体悟节日背后的文化价值与社会意义，传承传统仪式、文化符号及艺术精髓。在章节安排上，第一章为中国传统节日概述，内容涵盖基本概念、起源、发展历程、主要节日类型与特征及重要意义；第二章聚焦中国传统节日文化，深入阐述其概念、内涵、特点、文化价值及发展现状；第三章至第九章，则分别对春节、元宵节、清明节、端午节、中秋节、重阳节、腊八节七个主要传统节日，从起源与演变、传说与典故、文化内涵到节日习俗传承进行细致解读。

笔者潜心研究中国传统节日文化多年，现将自己在研究过程中积累的成果及经验编纂成书，望在挖掘中华优秀传统节日文化在民俗学、历史学、社会学价值的道路上，略尽绵力。由于成书时间仓促，书中难免存在不完善之处，恳请广大读者见谅、指正。

吉林师范大学　王　立

2024 年 11 月

目录

第一章　中国传统节日概述

第一节　中国传统节日的概念及演变过程

一、中国传统节日的基本概念

（一）节日

《现代汉语词典（第7版）》中有关"节日"的解释有两种，一种是"纪念日，如五一国际劳动节等"；另一种是"传统的庆祝或祭祀的日子，如清明节、中秋节等"。由此可知，节日是纪念日，传统的庆祝或祭祀的日子。节日是不同国家或地区的人们为了适应生产、生活的需要而共同创造的一种民俗文化，同时，它也是世界民俗文化的重要组成部分。节日受特定的历史、文化、宗教、政治、经济等因素的影响，具有深厚的历史背景、文化内涵和传统的价值观。

（二）传统节日

传统节日是一个国家或民族在漫长历史发展过程中形成的文化瑰宝，具有深厚的历史文化背景和特殊民俗活动的特定日子。它是以历法时间为依据，举行庆祝或纪念活动的特定日子，具有社会性、民俗性、文化性的特点，以及独特的文化属性，是民族情感的集体表达。传统节日承载着一个民族的历史记忆、文化传承、价值观念和情感寄托。它不仅仅是时间的标记，更是文化基因的延续和民族精神的体现，它的形成与发展有着深远的历史文化根源，是人类社会发展到一定阶段的产物，也是民族精神和情感的重要载体。如春节是中国最重要的传统节日，它起源于古代的岁首祭祀活动，经过几千年的发展，融入了祭祀祖先、祈求丰收、辞旧迎新等多种文化内涵。

（三）中国传统节日

中国传统节日是中华民族在长期历史发展过程中形成的具有深厚文化内涵和独特民俗风情的节日体系。它们是中华文化的重要组成部分，承载着民族的历史记忆、价值观念和情感寄托。具体而言，中国传统节日是指以农历（部分以公历）时间为依据，在特定日期举行的具有社会性、民俗性和文化性的庆祝或纪念活动。这些节日通常与古代的宗教祭祀、农事活动、天文历法以及神话传说密切相关，是中华民族文化传承的重要载体。

中国传统节日的起源可以追溯到古代的祭祀活动、自然崇拜和农耕文化等。如春节起源于古代的岁首祭祀活动，是古代农耕社会的人们对一年辛勤劳作的总结和对新年的祈愿；有关端午节的起源说法众多，包括纪念屈原说、祭祀龙图腾说等，它与古代的祛病防疫、祈求丰收等观念密切相关；中秋节最早与古代的祭月活动有关，反映了古人对自然的敬畏和对亲人团圆的向往。

二、中国传统节日演变过程

（一）中国传统节日的起源

中国传统节日是中华民族在长期历史发展中形成的、具有鲜明民族特色和文化内涵的节日体系，承载着丰富的民俗活动、伦理观念、审美情趣和精神信仰。有关中国传统节日的起源也是多方面的，如与农事活动有关的节气、原始社会的自然崇拜、古代各种祭祀活动、少数民族的传统习俗以及民间传说等，这些都与传统节日的形成有关。

1. 起源于节气时令

中国传统节日与节气时令紧密相关，其起源和发展深受节气体系的影响，这主要源于古代农耕社会对自然节律的依赖和对时间秩序的深刻认知。

（1）节气为节日提供时间框架。

中国古代的纪年方式主要有两种：一种是以皇帝的年号纪年；一种是以农历历法纪年。其中，农历也称阴历，其纪年方式一直沿用至今。中国古代的二十四节气是根据太阳周年运动轨迹划分的阳历体系，它精准地反映了季节更替、气候变化和物候周期，是指导农业生产的"时间指南"。传统节日大多源自节气的关键节点，因农事周期中的"农闲"或"转折"而形成相对固定的庆祝或祭祀时段。如，立春是春季的起点，古代曾以立春为新年（汉代后固定为农历正月初一），春节的"辞旧迎新""祈愿丰收"等核心内涵，也对应着立春为一个自然周期循环的开始。清明节既是节气，又是节日。清明节气（一般为公历 4 月 4 日—6 日之间）标志着春种的开始及万物复苏，古人在此期间会扫墓祭祖、踏青郊游，让清明节成为兼具自然与人文内涵的节日。冬至是二十四节气中较早确定的节气之一（一般为公历 12 月 21 日—23 日之间）。古人认为"冬至一阳生"，是阴阳转换的临界点，由此衍生出冬至祭天、家族团聚等习俗，民间有"冬至大如年"之说。

（2）节日习俗与节气、物候深度融合。

节气反映的是气候、物候的变化，它直接影响了节日习俗的形成。如端午节（农历五月初五）接近夏至（公历 6 月 21 日—22 日之间），此时气温升高、蚊虫滋生，古人通过"驱毒避疫"（如挂艾草、饮雄黄酒）、"祈雨抗旱"（赛龙舟的原始寓意）等活动应对自然挑战。由此，端午节逐渐演变为民俗节日。中秋节（农历八月十五）正处于秋季的正中，与秋分（公历 9 月 22 日—24 日之间）相近。秋分曾是传统的"祭月节"，后因满月更契合"团圆"的意象。因此，中秋节固定在农历八月十五，形成赏月、吃月饼、庆丰收的习俗，呼应秋收后的庆贺与感恩。腊八节（农历腊月初八）临近大寒节气，彼时正值农闲，古人用五谷杂粮煮粥，祭祀祖先、祈求来年的丰收，体现了对冬季农闲期的利用和对粮食的珍视。

（3）节日的形成与"天人合一"的哲学思想有关。

中国传统节日的起源蕴含着古人对"天时、地利、人和"的整体认知。从祭祀与节气的关联来看，节气的"四立"（立春、立夏、立秋、立冬）和

"二分二至"（春分、秋分、夏至、冬至）曾是重要的祭祀日，如周代立春祭社稷、立秋祭五帝，这些祭祀活动逐渐演变为节日的核心仪式。从阴阳五行的影响来看，节气的阴阳消长（如冬至阳生、夏至阴生）被赋予了"天人合一"的哲学意义，节日习俗（如冬至吃馄饨象征"开天辟地"、端午佩戴五色丝线象征五行平衡）体现了通过仪式顺应自然节律、调和人与自然关系的哲学思想。

（4）农耕社会的生存需求促使节日的形成。

在以农为本的古代社会，节气是农事活动的"时间表"，而节日则是对农事周期中阶段性成果的庆祝或祈福。如立春、清明前后，农民结束了冬闲，开始春天的播种。此时的节日（如春节、清明节）都是以"祈愿丰收"为主题的祭祀活动，包括祭天、祭农神（如神农氏）等。而到了秋天，秋分、中秋时节，农作物、瓜果蔬菜都成熟了，此时的节日（如中秋节、重阳节）都是以"感恩收获""庆祝团圆"为主题的祭祀活动，感恩大自然馈赠的食物，体现了对大自然的敬畏与丰收的喜悦。到了冬天，冬至、腊八等节日处于农闲时期，古人通过祭祀祖先、囤积食物（如腌制腊味），既总结一年的辛勤劳作，又为越冬做准备，形成"辞旧迎新"的文化内涵。

中国传统节日的起源与节气时令的关联，本质是古代先民在顺应自然、利用自然的过程中，将时间节律转化为文化符号的智慧结晶，也客观地反映了我国古代以农业为主的生产、生活方式。节气为节日提供了时间坐标和自然背景，而节日则通过民俗活动赋予节气以人文内涵，二者共同构建了"顺天应时、敬天爱人"的文化传统，至今仍深刻影响着中国人的生活节奏与精神世界。

2. 起源于古代祭祀活动

现代人类学、考古学的研究成果指出，人类有两种原始信仰，分别是天地信仰和祖先信仰。这些信仰源于古人对自然和祖先的崇拜，由此产生了各种崇拜、祭祀活动，而这些活动正是传统节日的起源之一。中国传统节日起源于古代祭祀活动的现象，深刻反映了华夏文明早期对自然、祖先和神灵的敬畏与崇拜。这种文化基因的形成，与农耕文明的生产方式、宗法社会的组织结构以及古代"天人合一"的哲学思想密切相关。下面，从四个维度系统阐述这一历史演变过程：

（1）自然崇拜与岁时节令的仪式化。

在仰韶文化遗址（约前5000年）出土的彩陶纹饰中，已发现太阳纹、月亮纹等天体崇拜图案，印证了原始自然崇拜的存在。商代甲骨文记载的"四方风"祭祀，体现了先民对自然规律的认知需求。二十四节气的形成（完整记载见《淮南子·天文训》）将天文观测与农事周期相结合，衍生出系列祭祀活动，如立春"鞭春牛"的仪式于汉代定型；夏至祭地祇的仪式在《周礼》中有相关记载；秋分的"夕月"典礼，从北京月坛建筑遗址中可以找到相关祭祀活动的遗存。

（2）祖先崇拜与宗法制度的融合。

西周确立的宗法制度将祖先祭祀活动系统化，《礼记·王制》规定"天子七庙，诸侯五庙"。这种制度下沉至民间，形成岁时祭祖的传统习俗，如春节起源于上古时代的岁首祈岁祭祀。在《礼记》等古代文献中，有岁终大祭和元日天子祈谷的记载。这些祭祀活动体现了古人对天地神灵的敬仰以及对新一年的祈福；清明墓祭，是唐代寒食节与清明节的习俗合并后出现的，相关记载见《唐会要》；冬至"亚岁"的祭祖活动于《清嘉录》苏州习俗中有所记载。从考古发现殷墟妇好墓（约前1200年）出土的青铜礼器，证实商代已存在制度化的祖先祭祀活动。

（3）历史人物的神圣化过程。

战国至汉代的"造神运动"将历史人物转化为祭祀对象，形成新型节日。如端午节的起源参见南朝梁《荆楚岁时记》记载的屈原传说；寒食节的起源参见东汉蔡邕《琴操》中记载的介子推的故事；七夕节的起源来自汉代牛郎织女的传说定型；腊八节是佛教传入中国后，与本土灶神祭祀相结合的产物。

（4）祭祀仪式的世俗化转型。

宋代城市经济发展推动了节日民俗化，《梦粱录》记载了临安元宵节"数十万盏"花灯的盛况。明清时期，祭祀元素与节日习俗深度融合，如端午节的起源与龙图腾崇拜有关，古代吴越人每年端午节都要举行祭祀龙图腾的"龙舟竞渡"活动,这项活动体现了古人对自然力量的崇拜和敬畏;中秋节的传统食品月饼的制作由周代"餈糕"这一祭品发展而来;春节贴春联的习俗由桃符驱鬼的传统祭祀活动转化而来。

现代田野调查显示,闽南"送王船"(已列入联合国教科文组织人类非物质文化遗产)、黔东南苗族的"鼓藏节"等活态传承,仍保留着古代祭祀的核心要素。这些节日不仅是文化记忆的载体,更是中华文明连续性的见证。从甲骨卜辞到数字时代的虚拟祭扫,祭祀传统始终在动态演进中保持着文化基因的稳定性,构成了中华民族独特的时间认知体系和精神家园。

中国古代祭祀活动种类繁多,根据祭祀对象和目的的不同,可以分为以下几种主要类型:

(1)按祭祀对象分类。

①祭天神:祭祀天神是古代祭祀活动中最为重要的部分之一,主要包括对昊天上帝、日月星辰、司中、司命、雨师等的祭祀。这些祭祀活动体现了古人对自然力量的敬畏和崇拜。如古代帝王会在冬至日举行祭天大典,祈求上天保佑国家风调雨顺、国泰民安。

②祭地祇:地祇是指大地及其所生的神灵,包括社稷、五岳、山林川泽、四方百物等。祭祀地祇的活动通常与农业生产密切相关,古人通过祭祀地祇祈求土地肥沃、庄稼丰收。如每年的春社日和秋社日,农民们会祭祀土地神,感谢土地的养育之恩,并祈求来年庄稼丰收。

③祭人鬼:人鬼是指祖先和已故的亲人,祭祀人鬼的活动主要是为了表达对祖先的敬仰和怀念之情。这种祭祀活动在清明节、中元节、寒衣节等传统节日中表现尤为突出。如清明节前后,人们会扫墓祭祖,为祖先的坟墓添土、献花等,以表达对先人的缅怀之情。

(2)按祭祀形式分类。

①郊祀:郊祀是古代帝王在郊外举行的祭祀活动,主要祭祀天地神灵。郊祀的规模宏大,仪式隆重,是国家最重要的祭祀活动之一。如秦汉时期,帝王会在冬至日举行祭天大典。

②庙祀:庙祀是在庙宇中举行的祭祀活动,祭祀对象主要是祖先和圣

贤。庙祀的仪式相对较为固定，通常包括献祭、诵读祭文、行礼等环节。如各地的孔庙会定期举行祭孔大典，祭祀孔子及其弟子。

③祠祀：祠祀是在祠堂中举行的祭祀活动，主要祭祀祖先和地方神灵。祠祀的形式较为多样，可以根据不同的祭祀对象和目的进行调整。如一些地方的祠堂会定期举行祭祀祖先的活动，以表达对先人的敬仰和怀念。

④家祀：家祀是在家中举行的祭祀活动，主要祭祀祖先和家神。家祀的形式较为简单，通常包括上香、献祭品、行礼等环节。如春节期间，许多家庭会在家中设立祖先牌位，进行祭祀活动，祈求祖先的保佑。

（3）按祭祀时间分类。

①岁首祭祀：岁首祭祀是指在每年的岁首（即正月初一）举行的祭祀活动，主要祭祀天地神灵和祖先。这种祭祀活动体现了古人对新年的祈福和对祖先的敬仰。如春节的祭祖活动就是岁首祭祀的重要内容之一。

②季节祭祀：季节祭祀是根据季节变化举行的祭祀活动，主要祭祀与季节相关的神灵。如春节祭祀社稷神，祈求土地肥沃、庄稼丰收；中秋节祭祀月神，祈求丰收和团圆。

③节日祭祀：节日祭祀是在传统节日中举行的祭祀活动，主要祭祀祖先和神灵。如清明节的扫墓祭祖、端午节的祭龙神、中元节的祭祖等，都是节日祭祀的重要形式。

（4）按祭祀目的分类。

①祈福祭祀：祈福祭祀是为了祈求神灵保佑、祈求平安和幸福而举行的祭祀活动。如春节期间，人们会祭祀祖先和神灵，祈求新的一年平安顺利、五谷丰登。

②感恩祭祀：感恩祭祀是为了感谢神灵和祖先的庇佑而举行的祭祀活动。如在秋季收获后，农民们会祭祀土地神，感谢土地的养育之恩。

③纪念祭祀：纪念祭祀是为了纪念祖先或历史人物而举行的祭祀活动。如端午节为纪念屈原举行的祭祀活动。

综上所述，中国传统节日起源于古代祭祀活动的依据主要来自人类学与考古学的研究成果、历史文献的记载、节日习俗与祭祀活动的关联，以及节日的形成与发展过程。这些依据充分证明了祭祀活动在中国传统节日的形成和发展中起到了重要的作用。

3. 起源于民族传统文化

中国传统节日的起源与民族传统文化密切相关，汉族和少数民族的传统文化都在其中发挥了重要的作用，下面分别举例加以说明。

（1）汉族传统文化与传统节日。

汉族节日多与农耕文明、自然崇拜、祖先祭祀相关，体现了"天人合一"的哲学思想。

①春节：春节起源于上古时代的岁首祈岁祭祀。在农耕社会，人们在岁首举行祭祀活动，报祭天地众神、祖先的恩德，祈求新的一年风调雨顺、五谷丰登。春节的习俗如拜神祭祖、迎新纳福等，都体现了对祖先和神灵的崇敬以及对美好生活的向往。

②元宵节：元宵节的起源与民间开灯祈福的习俗有关。农历正月十五是一年中第一个月圆之夜，人们在这一天的夜晚点灯祈福，希望新的一年平安顺利。

③清明节：清明节源于上古时代的祖先信仰与春祭礼俗。古人会在春季祭祀祖先，表达对先人的怀念和敬意。同时，清明节也融合了寒食节的禁火、冷食习俗，这些习俗与当时的生活方式和对自然的敬畏有关。

④端午节：端午节源自天象崇拜，由上古时期祭祀龙图腾演变而来。古人认为龙是吉祥的象征，通过祭祀龙图腾祈求风调雨顺、国泰民安。端午节的习俗如赛龙舟、吃粽子等，都与祭祀龙图腾活动有关。此外，端午节还与纪念如屈原、伍子胥等历史人物有关，体现了人们对爱国主义精神的尊崇。

⑤中秋节：中秋节源自天象崇拜，由上古时期秋夕祭月演变而来。古人会在秋季祭月，表达对月亮的崇拜和对自然的敬畏。中秋节的习俗如赏月、吃月饼等，都与祭月活动有关。此外，中秋节也与团圆的观念有关，人们在这一天团聚一堂，共享天伦之乐。

（2）少数民族传统文化与传统节日。

少数民族节日多与原始信仰、物候历法、英雄史诗相关，展现了文化的多样性。

①苗族：在苗族的传统文化中，祭祀活动占有重要地位。如苗族的"鼓藏节"，人们会举行盛大的祭祀仪式，祭拜祖先和神灵，祈求他们的庇佑。这种祭祀活动体现了苗族对祖先和神灵的崇拜，以及对自然和生命的敬畏。

②侗族：侗族的传统文化中，歌谣和祭祀仪式是其重要的组成部分。如在侗族的"萨玛节"中，人们会通过唱侗族大歌、举行祭祀仪式等方式，表达对祖先和神灵的崇敬。此外，侗族的"牛王节"也是对牛的崇拜和感恩的体现，反映了侗族人对自然和动物的敬畏。

③彝族：彝族的传统文化中，火把节是其重要的节日之一。火把节起源于古代的祭祀活动，人们通过点燃火把，驱邪避灾，祈求平安，体现了彝族人对火的崇拜和对自然的敬畏，同时也表达了对美好生活的向往。

4. 起源于民间传说故事

中国传统节日起源于民间传说故事，这些传说故事不仅赋予节日深厚的文化内涵，还反映了古代人民的生活方式、思想观念以及对自然和历史事件的解读。以下是对中国传统节日起源于民间传说故事的综合阐述：

（1）神话传说。

许多传统节日的起源与神话传说紧密相连。如春节的起源与年兽的传说有关，这一传说体现了古代人们对自然现象的敬畏以及对未知的恐惧。人们通过贴春联、燃放爆竹等方式，试图驱赶年兽，祈求平安。这一传说不仅解释了春节的起源，还体现了古代人民与自然抗争的勇气、智慧和对美好生活的向往。

（2）历史人物与事件。

一些传统节日的起源与历史人物或事件密切相关。端午节的起源有多种说法，其中与屈原的传说有关这一说法最为著名。屈原是战国时期楚国的大夫，他忠诚爱国，因遭奸臣陷害而被流放，最终投江自尽。为了纪念屈原，人们在农历五月初五这天划龙舟、吃粽子，这些习俗不仅表达了对屈原的敬仰，也反映了古代人民对正义和忠诚的追求。清明节的起源与介子推的传说有关。介子推是春秋时期晋国的忠臣，他割股啖君，因拒绝封赏而隐居山林，最终被火烧死。为了纪念介子推，人们在清明节这天扫墓祭祖，表达对先人的怀念之情。这一传说体现了古代人民对忠诚和孝道的重视。

（3）社会生活与文化传承。

传统节日的起源还与古代的社会生活和文化传承有关。七夕节的起源与牛郎、织女的传说有关。牛郎、织女是中国古代著名的爱情传说中的主人公，他们被银河隔开，只能在每年的七月初七相会。这一传说不仅体现了古代人民对爱情的向往，也反映了古代社会对婚姻和家庭的重视。

中国传统节日起源于民间传说故事，这些传说故事不仅丰富了节日的文化内涵，还反映了古代人民的生活方式、思想观念以及对自然和历史事件的解读。通过这些传说，我们可以看到古代人民对自然的敬畏、对历史人物的敬仰、对家庭团圆的渴望以及对社会和谐的追求。这些传统节日在传承和发展过程中，逐渐形成了独特的文化符号，成为中国文化的重要组成部分。

（二）中国传统节日的历史发展过程

中国传统节日的历史发展过程经历了多个阶段，每个阶段又有各自的特点和变化，以下进行详细阐述。

1. 先秦时期：萌芽阶段

（1）节日起源。

中国传统节日多源于上古时期的原始崇拜、祭祀文化，与自然崇拜、巫术禁忌等密切相关。如古人崇拜龙，端午节的"龙舟竞渡"习俗可能源于古代百越族祭祀龙图腾的活动。

（2）节日体系初步形成。

先秦时期初步形成了原始节庆体系，包括官方节庆与民间节庆。官方节庆以季节性祭礼为主，如每年农历腊月举行八蜡之祭，新年元旦举行"朝正"；民间节庆大都在春秋两季，节日的具体时间并不固定。

（3）节日习俗特点。

许多节日习俗主要建立在原始崇拜的基础上，与祭祀有关，集中体现了先秦时期的神灵信仰、祭祀文化，如春季节日的祈雨、秋季节日的祭祀百神等。

2. 汉代：体系化与伦理化阶段

（1）节日体系化。

汉代的《太初历》采取阴阳合历，确立了以农历正月为岁首的历法，为传统节日奠定了影响深远的时间体系。两汉节日在继承并改造先秦节日的基础上不断扩充，到了东汉时期，以正旦、立春、社日、上巳节、夏至、五月五、伏日、七月七、九月九、十月朝、冬至、腊日等为内容的传统节日体系初具雏形，并且得到了宫廷和民间的认同。一些历史人物如屈原、介子推等成为端午节、清明节等节日的纪念人物，增加了节日习俗的人情味和真实性，同时，一些节日习俗也被人们接受并沿袭下来。

（2）节日伦理化。

汉代随着儒学思想的流行，节日习俗及其内涵经历着伦理化的转向，主要表现为围绕祖先祭祀开展节日活动，通过节日交往强化家族意识，节日在传递孝道观念、强化家族认同、加强乡邻团结等方面发挥着重要作用。

3. 魏晋南北朝时期：体系完善与多元化阶段

（1）节日体系完善。

魏晋南北朝时期，传统节日的数量显著增加，形成了一个较为完整的节日体系。南朝《荆楚岁时记》对元旦爆竹、寒食禁火、端午竞渡、七夕乞巧、重阳登高等重要传统节日的基本习俗皆有记载，除了清明节与中秋节尚未提及，传统节日的基本框架已初步形成，一个囊括节日祭祀、节日饮食、节日传说、节日娱乐、节日工艺等的综合性节日系统已经形成。同时，许多节日的时间逐渐固定下来。如寒食节在魏晋时期固定在冬至后第105天，端午节则固定在农历五月初五。

（2）节日习俗多元化。

魏晋时期，传统节日从单一的节日祭祀发展出更加丰富的节日习俗内容，从严肃、紧张的岁时禁忌中萌发出活泼的节日娱乐内容，用人物传说重新解释了节日的起源或节日习俗的由来，促使节日主题更新、节日文化内涵重构。

①祭祀与纪念：祭祀活动依然是节日习俗的重要内容之一，但其内涵更加丰富。除了祭祀祖先和神灵外，还出现了纪念历史人物的习俗。如端午节纪念屈原的传说在这一时期逐渐流行，为节日增添了人文色彩。

②娱乐与社交：节日娱乐活动蓬勃发展，成为节日的重要组成部分。如元日燃放爆竹、寒食节的蹴鞠和斗鸡、端午节的龙舟竞渡等，这些活动不仅丰富了人们的节日生活，还促进了社会交往和文化交流。

③饮食文化：节日饮食习俗逐渐丰富，形成了具有代表性的节日食品。如寒食节的冷食、端午节的粽子等，这些食品不仅丰富了饮食的种类，还承载了丰富的文化内涵。

④工艺与装饰：节日工艺和装饰活动也日益兴盛。如端午节制作香囊、佩戴五彩线等，这些习俗不仅美化了节日环境，还体现了人们对美好生活的追求和向往。

（3）节日主题更新与重构。

①人物传说的融入：以人物传说重新解释节日的起源或节日习俗，促使节日主题更新与重构。如端午节纪念屈原的传说，使端午节从单纯的祛病避疫逐渐转变为纪念爱国诗人屈原的节日。

②宗教与民俗的融合：佛教的传入也对节日产生了影响，一些宗教节日逐渐融入民间，形成了具有中国特色的节日习俗。

（4）节日文化的传播与交流。

①地域文化的交融：魏晋南北朝时期，北方少数民族与汉族文化的交流频繁，促进了节日文化的传播与融合。如北方的寒食节习俗逐渐传播到南方，并与南方的民俗相结合。

②节日文化的传承与发展：这一时期的节日文化为后世的发展奠定了基础，许多节日习俗一直延续至今。如春节燃放爆竹、拜年的习俗，端午节的龙舟竞渡、吃粽子等习俗，都源于这一时期。

4. 唐宋时期：鼎盛与定型阶段

（1）节日体系的定型与完善。

①节日种类繁多：唐宋时期继承并发展了汉魏时期的节日框架，形成了具有全国性影响力的传统大节。如清明节在中唐以后逐渐独立成节，并整合了上巳节、寒食节的节日习俗；中秋节向民间普及，从文人雅集发展为大众节日；七夕节乞巧的习俗遍地开花；冬至被提升至重要位置，如同过年一样隆重；元宵节进化为"灯节"，元宵灯会越来越热闹。

②节日制度化：唐宋时期节日的制度化特点明显，朝廷对节日的重视程度提高，通过律法等形式确定了一些节日的地位和庆祝方式。如唐朝通过《唐六典》等法规将元宵节确定为国家节日，为其发展提供了制度保障。

（2）节日活动娱乐化。

①节日活动的大众化和普及化：唐宋时期的节日习俗不再局限于特定阶层或特定区域，而是成为全社会共同参与的活动。无论是城市还是乡村，无论是王公贵族还是平民百姓，都能在节日中找到属于自己的乐趣。这种大众化的趋势使得节日活动的规模和影响力不断扩大，节日的娱乐功能也得到了充分的发挥。

②节日活动的多样化和创新性：唐宋时期的节日活动不再局限于传统的祭祀仪式，而是融入了更多的娱乐元素。如节日中的歌舞表演、杂技表演、体育竞技等活动，不仅丰富了节日的内容，也为人们提供了更多娱乐项目的选择。这些活动的多样性和创新性使得节日成了一个充满活力和创造力的舞台，吸引了众多百姓的参与。

③促进节日文化的传播和交流：唐宋时期的节日活动往往具有很强的观赏性和互动性，吸引了大量平民百姓的参与。这种广泛的参与不仅促进了节日文化的传播，还使得不同地区、不同阶层的文化得以交流和融合。节日活动的娱乐化成为文化交流的重要手段，推动了社会文化的繁荣与发展。

④反映社会生活的丰富多彩和人们对美好生活的追求：在这一时期，社会经济的繁荣和文化的昌盛为节日活动娱乐化提供了物质基础和精神动

力。人们通过节日的娱乐活动，不仅能够放松身心，还能增进彼此之间的交流和情感。节日活动的娱乐化成为人们追求幸福生活的重要方式之一，体现了唐宋时期社会的开放性和包容性。

（3）节日活动的平民化。

①节日活动参与度高：唐宋时期，节日活动的平民化趋势明显，节日活动不再局限于贵族阶层，普通百姓也能参与其中。如元宵节的灯会吸引了大量百姓参与，无论是贫富贵贱，都能在节日中找到乐趣。

②节日活动世俗化：节日活动逐渐摆脱宗教和祭祀的束缚，向世俗化方向发展。如清明节在宋代逐渐从单纯的祭祀活动转变为集祭祀、踏青、娱乐为一体的综合性节日。

③节日经济的繁荣：随着商品经济的发展，节日经济在唐宋时期也十分繁荣。节日的消费市场不断扩大，各种节日用品和食品应运而生。如端午节期间，集市上贩卖桃、柳、葵花、菖蒲、艾叶等，家家吃粽子、饮雄黄酒等。

（4）节日文化的传播与交流。

①节日文化的传承：唐宋时期的节日文化为后世奠定了基础，许多节日习俗一直延续至今。如春节燃放爆竹、拜年的习俗，端午节的龙舟竞渡、吃粽子等习俗，都源于这一时期。

②节日文化的交流：唐宋时期，节日文化在不同地区之间广泛传播和交流。如清明节的踏青习俗从城市传播到乡村，成为全国性的节日活动。

5. 元明清时期：传承与世俗化阶段

（1）节日体系的传承与稳定。

元明清时期，中国传统节日体系在历经唐宋时期的发展后，逐渐成熟并定型，形成了时序错落、形态稳定、内涵丰富的节日模式。春节、元宵节、清明节、端午节、七夕节、中秋节、重阳节等七大传统节日成为社会生活中不可或缺的一部分，这些节日的庆祝方式和文化内涵在这一时期得到了较为稳定的传承。

（2）节日的世俗化特征。

①伦理与社会交往：明清时期，节日的伦理功能进一步强化，人们通

过节日加强亲族联系，拓展社会交往。节日中的人情往来成为重要的社交活动，包括馈赠、宴饮、拜贺等方式，这些活动不仅体现了亲情和友情，还促进了社会关系的和谐与稳定。

②消费化与娱乐化：随着商品经济的发展和城市文化的繁荣，节日的消费化和娱乐化特征更加明显。集市和庙会成为重要的买卖场所，人们在节日期间购买各种节日用品和食品，享受丰富的娱乐活动，如杂技、戏曲表演等。这种消费化和娱乐化的趋势使得节日成为推动经济发展的重要契机，同时也丰富了人们的节日生活。

③宗教与民俗的融合：宗教节日在这一时期继续与民俗活动相结合，形成了具有地方特色的节庆文化。如佛教的盂兰盆节与中元节的融合，使得放河灯、祭祖等活动更加深入人心。这种宗教与民俗的融合不仅丰富了节日的内容，还使得宗教文化在民间得到了更广泛的传播。

④城乡差异与文化传播：节日文化的传播在这一时期也呈现出城乡差异。城市中的节日活动更加丰富多样，商业气息浓厚，而乡村则更注重传统的祭祀和农事活动。然而，随着人口流动和文化交流的增加，城乡之间的节日文化也在相互影响和融合。

（3）节日的传承与创新。

尽管节日体系在元明清时期趋于稳定，但节日文化也在不断适应社会发展与时代需求，进行着传承与创新。一方面，传统的节日习俗如祭祖、扫墓、贴春联等得以延续，体现了对祖先和传统文化的尊重；另一方面，节日活动也在不断吸收新的元素，如明清时期元宵节的灯会活动，不仅延续了唐宋时期的热闹场景，还在形式和内容上有所创新。此外，一些新的节日习俗也在这一时期逐渐形成，如正月十五或正月十六"走百病"等，这些习俗反映了人们对健康和幸福生活的追求。

6. 近代：变革阶段

（1）时间制度的变革。

近代以来，中国传统节日的时间制度发生了重大变化。1912 年，民国政府颁布《临时大总统历书令》，废除了已实行数千年的"夏历"，改行"国历"（即公历）。这一举措使得传统节日的时间体系受到冲击，传统节日与现代时间制度之间出现了二元结构。尽管如此，传统节日依然在民间广泛流传，但其地位逐渐受到削弱。

（2）节日体系的调整。

民国时期，政府对节日体系进行了多次调整。1914 年，农历新年被命名为"春节"，并将公历 1 月 1 日定为"元旦"，同时规定公历年放假而农历年不放假。这种调整导致传统节日在官方层面的影响力下降，而西方节日如元旦、国庆等逐渐被引入并得到推广。

（3）节日文化的世俗化与商业化。

近代以来，传统节日逐渐从宗教和祭祀的神圣性中解脱出来，变得更加世俗化和商业化。一方面，节日的祭祀功能逐渐弱化，娱乐和社交功能不断增强。另一方面，随着城市化进程的加快和商业经济的发展，节日成为商家促销和消费的重要契机，传统节日的文化内涵在一定程度上被商业化所稀释。

（4）外来节日的影响。

近代以来，西方节日逐渐传入中国并受到欢迎。圣诞节、情人节等西方节日在城市中逐渐流行，成为当时年轻人喜爱的节日之一。这种现象反映了西方文化对传统节日文化的冲击，也体现了社会转型期文化的多元化和开放性。

7. 现代：复兴阶段

（1）文化内涵的深度挖掘与传承。

中国传统节日的复兴离不开对其文化内涵的深度挖掘。这些节日不仅承载着丰富的历史和文化价值，还体现了中华民族的核心价值观，如"和"文化、家庭团聚、敬祖孝亲等。春节作为中华民族最重要的传统节日，其文化内涵包括人与自然的和谐、家庭的团聚、社会的和谐等，这些价值观在现代社会中依然具有重要意义。

（2）节日与现代社会生活的融合。

传统节日在现代社会中逐渐与现代生活方式相融合，展现出强大的适应性和生命力。如春节通过电视媒体和互联网传播，形成了新的庆祝方式，如看春节联欢晚会、网络拜年等。这种融合不仅保留了传统节日的核心元素，还赋予了其新的时代内涵，使其更符合现代人的生活节奏和审美需求。

（3）节日的商业化与创新。

传统节日的复兴也体现在其商业化和创新上。春节、端午节、中秋节等传统节日逐渐成为消费热点，商家推出各种节日主题的产品和服务，如定制礼盒、特色食品等。这种商业化模式不仅为节日注入了新的活力，也促进了节日文化的传播和普及。

（4）节日的国际化传播。

中国传统节日在现代的复兴还体现在其国际化传播方面。随着中国文化的影响力不断扩大，传统节日如春节、端午节等逐渐走向世界，成为全球文化交流的重要组成部分。如春节被列入联合国教科文组织人类非物质文化遗产代表作名录，成为全球华人共同庆祝的节日。这种国际化传播不仅提升了中国文化的国际影响力，也为世界文化的多样性做出了贡献。

（5）文旅融合助力节日复兴。

传统节日与文化旅游的融合成为中国传统节日复兴的重要途径。各地通过举办节日主题的旅游活动，如春节庙会、端午节龙舟赛、中秋节灯会等，吸引了大量游客，促进了地方经济的发展。这种融合不仅为传统节日提供了新的展示平台，也使其在现代社会中焕发出新的活力。

（6）节日的创新性发展。

传统节日在现代的复兴还体现在其创新性发展上。传统节日的形式和内容借助现代科技手段和创意元素不断更新，如虚拟祭祖、线上拜年等新形式的出现，使传统节日在现代社会中更具活力。这种创新不仅保留了传统节日的核心价值，还使其更符合现代人的生活方式。

（7）社会认同与文化自信。

传统节日的复兴还体现在其对社会认同和文化自信的增强方面。在全球化背景下，传统节日成为中国人文化身份的重要标识，增强了国民的民族凝聚力和文化自信心。人们通过庆祝传统节日，不仅表达了对传统文化的尊重和热爱，也展示了中华文化的独特魅力。

（8）政策支持与文化保护。

政府高度重视传统节日的复兴。国家将春节等传统节日列入了非物质文化遗产保护名录，加强了对传统节日的保护力度，通过政策支持和文化保护措施，推动传统节日的传承与发展。如 2007 年修改后的《全国年节及纪念日放假办法》明确规定，春节、清明节、端午节、中秋节等传统节日为法定节假日，同时为人们庆祝节日提供了时间和机会。这种政策支持不仅促进了传统节日的传承，也为文化创新提供了保障。

综上所述，中国传统节日在现代处于复兴阶段，这一复兴通过文化内涵的深度挖掘、与现代社会生活的融合、商业化与创新、国际化传播、文旅融合、创新性发展、社会认同与文化自信以及政策支持与文化保护等多方面得以体现。这些因素共同作用，使传统节日在现代社会中焕发出新的生命力，成为中华文化的重要象征和全球文化交流的重要载体。

第二节　中国主要传统节日介绍

中国传统节日文化从上古时期绵延至今，它始终是维系国家统一、促进民族团结以及保障社会和谐的稳固精神纽带，更是我们建设社会主义先进文化进程中不可或缺的宝贵资源。作为中华传统文化的核心构成部分，中国传统节日文化凭借其顽强的生命力、强大的凝聚力和非凡的感染力，通过丰富多彩的民间仪式，将中国人古往今来对美好生活的无限向往与美好愿景代代相传。

中国的传统节日内容丰富、形式多样，是中华民族悠久历史文化的重要组成部分。汉族传统节日近 50 个，主要节日有元旦、除夕、春节、元宵节、立春、寒食节、清明节、端午节、七夕节、中秋节、重阳节、冬至、腊八节等。各少数民族的传统节日同样别具特色，如藏族的雪顿节、傣族的泼水节、彝族的火把节等。这些节日借助民歌、舞蹈、民族服饰、节日美食、手工艺术、仪式表演等丰富形式，展现出独特的文化魅力，成为民族身份与传统节日文化的鲜活标识。下面，就选取具有广泛影响力的七个传统节日——春节、元宵节、清明节、端午节、中秋节、重阳节、腊八节，简单阐述其起源、演变过程和主要习俗。

一、春节

春节是中国传统节日中最重要的节日，是农历正月初一，是新的一年的开始。关于春节的起源有两种说法。一种说法是，春节源自上古时期的"腊祭"，是神农氏时代"索鬼神而祭祀""合聚万物而索飨之"的年终祭祀习俗。《左传·僖公五年》："虞不腊矣。"西晋杜预注："腊，岁终祭众神之名。"也就是说，人们用捕获的猎物或耕种的果实供奉神明，以此报答神明的恩赐和庇佑，祈祷来年的丰收和福祉，这就是所谓的"过年"。从《周礼》的记载中还可以看出，每逢腊祭，人们还要举行驱疫行傩的仪式，以祛除不祥。另一种说法是，《说文解字》释义："年，谷熟也。""年"是果实丰收、五谷成熟的意思。尧舜时期就有庆贺"年"丰收的习俗。《穀梁传·桓公三年》："五谷皆熟，为有年也。"古代的春节是指二十四节气中的"立春"时节。从周朝开始，人们将一年岁首的节庆称为"年"。到了汉代，正式将"年"这一名称固定下来。因此，时至今日，民间仍然有将春节称为"年"的说法，过春节即为过年。南北朝以后，将春节改在一年岁末，并泛指整个春季。民国初年改农历为公历后，将正月初一定为"春节"。1949年，正式把正月初一定为新年"春节"。

春节承载着丰富的文化内涵和深厚的民族情感，具有极高的文化价值和社会意义。春节的意义首先体现在其文化传承上。它是中国传统文化的重要载体，凝聚了中华民族对自然、对祖先、对生活的敬畏与热爱。春节的习俗，如祭祖、贴春联、守岁等，传承了千百年，体现了中华民族的家族观念、伦理道德和文化信仰。这些习俗不仅增强了中国人的民族凝聚力，也使传统文化得以延续。春节还具有重要的社会功能。它是一个团圆的节日，无论人们身在何处，都会在春节期间赶回家乡，与家人团聚。这种团聚不仅加深了亲情，也促进了社会和谐。此外，春节期间走亲访友、拜年等活动，增进了邻里关系和社会联系，有助于构建和谐的社会环境。

春节的习俗丰富多样，体现了人们对美好生活的向往，如贴春联、挂灯笼、放鞭炮等习俗，营造了浓厚的节日氛围，表达了人们对新年的祝福和对未来的希望。春节期间的美食如饺子、年糕等，不仅满足了人们的味蕾，也寓意着生活的富足和甜蜜。

在现代社会，春节的意义和习俗也在不断演变。随着科技的发展，视频通话拜年、语音拜年等新的庆祝方式逐渐流行，使春节的庆祝方式更加多样化和现代化。同时，春节也逐渐走向世界，成为全球华人共同庆祝的节日，提升了中华文化的国际影响力。

总之，春节是中国传统节日文化的重要组成部分，它通过丰富的习俗和深厚的文化内涵，展现了中华民族对家庭、对社会、对生活的热爱，具有不可替代的文化价值和社会意义。

二、元宵节

元宵节，又称上元节、小正月、元夕、灯节，是中国传统节日之一，通常在农历正月十五庆祝。

元宵节的起源有多种说法，较为广泛的是以下三种。一种是纪念"平吕氏之乱"说。相传吕后死后，吕氏家族密谋叛乱，齐王刘襄联合周勃等功臣平定了叛乱。汉文帝登基后，将平乱的正月十五定为与民同乐之日，家家张灯结彩，以示庆祝。第二种是源于道教"三元说"。道教认为正月十五为上元节，七月十五为中元节，十月十五为下元节。上元节是天官赐福之日，人们要点起万盏花灯，携亲伴友出来赏灯，燃放烟火，载歌载舞，表达自己的美好心愿。第三种是源自"火把节"。汉代时，百姓在乡间田野持火把驱赶虫兽，希望减轻虫害，祈祷获得好的收成。唐宋以来，这项活动逐渐演变为彩灯活动。

元宵节的庆祝活动有赏花灯、猜灯谜、舞龙、舞狮、踩高跷、划旱船、扭秧歌等社火表演，增进了人们之间的交流和互动，促进了社会和谐发展。此外，元宵节的习俗吃元宵或汤圆也象征着团圆和幸福，表达了人们对家庭和生活的热爱。元宵节具有重要的文化意义，它不仅是中国传统节日文化的重要组成部分，还承载着人们对美好生活的向往和追求。

三、清明节

清明节是中国重要的传统节日之一，兼具自然与人文内涵，既是节气，也是节日。清明节一般在公历 4 月 4 日至 6 日之间变动，通常以 4 月 5 日最为常见。

清明节的起源可以追溯到两千多年前的周朝。最初，清明只是春耕、春种的节气，其名称源于此时天气清朗，万物生长，皆清洁而明净。此外，清明节还与寒食节密切相关。传说春秋时期，晋国公子重耳的忠臣介子推割股奉君，后来重耳即位后未能奖赏介子推，介子推隐居深山，最终葬身火海。为纪念介子推，晋文公下令全国禁火三日，此后逐渐演变为寒食节。唐代时，清明节与寒食节的习俗逐渐融合，祭祖、扫墓成为重要的节日活动。宋代以后，清明节的节日习俗更加丰富，人们在祭祖、扫墓的同时，又增加了踏青、荡秋千、蹴鞠等活动。到了民国时期，清明节曾短暂地被定为植树节。

现在，清明节不仅是追思先人、缅怀烈士的节日，也是亲近自然、享受春天、植树绿化的节日，体现了中华民族对祖先的敬重、对革命烈士的敬仰和对自然的热爱。

四、端午节

端午节是中国四大传统节日之一，时间在每年农历五月初五。端午节的起源说法众多，主要有纪念屈原说、纪念伍子胥说、龙图腾祭祀说等。其中，纪念屈原的说法最为广泛。相传，屈原是战国时期楚国的大臣，因忧国、忧民投汨罗江自尽。人们为了纪念他，便在每年的农历五月初五举行各种活动。

端午节的起源可以追溯到上古时期的龙图腾崇拜。最初，端午是百越地区崇拜龙图腾的部族举行图腾祭祀的节日。到了汉代，端午节逐渐形成了吃粽子、系彩绳等习俗。隋唐时期，端午节的活动更加丰富，龙舟竞渡成为重要的娱乐活动。明清时期，端午节的规模愈来愈大，龙舟竞渡等活动更加盛行。

端午节的主要习俗包括赛龙舟、吃粽子、挂艾草、饮雄黄酒等。赛龙舟是端午节最具代表性的活动之一，象征着对屈原的纪念和对龙图腾的崇拜。粽子是端午节的传统食品，用竹叶包裹糯米，内填各种馅料。此外，人们还会在门口悬挂艾草和菖蒲，认为可以驱虫避疫。

端午节不仅是一个纪念先贤屈原的节日，也是一个祈福避疫、欢庆娱乐的节日。它体现了中华民族对自然的敬畏和对祖先的缅怀，同时也传承了丰富的文化内涵。2009年，端午节被列入世界非物质文化遗产名录，成为中国首个入选世界非物质文化遗产名录的节日。

五、中秋节

中秋节是中国主要的传统节日之一，时间在农历八月十五。它与春节、清明节、端午节并称为中国四大传统节日，承载着深厚的文化内涵和情感寄托。中秋节的起源有多种说法。一种说法是源于古人对月亮的崇拜。古人认为月亮是神秘而神圣的，农历八月十五的月亮最圆、最亮，因此，人们会在这一天祭拜月神，祈求丰收和平安。另一种说法与嫦娥奔月的神话传说有关。相传嫦娥偷吃了不死药飞向月亮，人们为了纪念她，便在八月十五祭拜月亮，逐渐形成了中秋拜月的习俗。

中秋节主要的习俗有祭拜月亮、吃月饼、赏月和猜灯谜。祭拜月亮是中秋节的重要习俗之一。人们会在这一天设立香案，摆上月饼、水果等祭品，向月亮祈福。吃月饼也是中秋节最具代表性的活动。月饼象征团圆，它的种类繁多，有五仁、莲蓉、豆沙等馅料。人们互赠月饼，表达对亲朋好友的祝福。此外，赏月也是必不可少的活动，农历八月十五的月亮最圆、最亮，人们会与家人或朋友一起欣赏月色，感受节日的氛围。在一些地方，还会举办中秋灯会和猜灯谜的活动，增添节日的乐趣。

中秋节象征着团圆和美满，是家庭团圆、人们感恩自然、祈愿美好生活的节日，体现了中华民族重视家庭、亲情的价值观。它承载着人们对美好生活的向往和追求，是中华民族传统文化的重要组成部分。

六、重阳节

重阳节是中国传统节日之一，时间在每年农历九月初九。《易经》中将"九"定为阳数，九月九日，日月并阳，两九相重，故称"重阳"。

重阳节的起源可以追溯到上古时期，古人在九月农作物丰收之时举行祭天帝、祭祖的活动。汉代，重阳习俗开始在民间流行，佩戴茱萸、食蓬饵、饮菊花酒等习俗逐渐形成。魏晋时期，开始出现赏菊、饮酒等习俗。唐代，重阳节被正式定为民间节日，宫廷和民间都会举行各种庆祝活动。明清时期，重阳节的习俗延续，如登高、吃重阳糕等。1989年，中国将重阳节定为"老人节"，倡导全社会树立尊老、敬老、爱老、助老的风气。

重阳节的传统习俗有登高、插茱萸、赏菊、吃重阳糕等，人们会在这一天登上高山，寓意步步高升。重阳节佩戴茱萸，寓意驱邪避灾。菊花象征高洁，重阳节赏菊、饮菊花酒的习俗由来已久。重阳糕是重阳节的传统食品，寓意步步高升。

重阳承载了丰富的文化内涵。它不仅是庆祝丰收、祈求长寿的节日，也是尊老、敬老的节日。在现代社会，重阳节被赋予了更多敬老、爱老的意义，成为弘扬中华传统美德的重要节日。

七、腊八节

腊八节是每年农历腊月（十二月）初八。腊八节起源于古代的"腊祭"。在中国古代，"腊"是一种祭礼，是用狩猎来的肉做成的肉干。腊祭是用狩猎来的野兽祭祀神灵和祖先，祈求丰收和吉祥。先秦时期，腊日（祭祀神灵和祖先的日子）在冬至后的第三个戌日，直到南北朝时期才固定在腊月初八。佛教传入中国后，腊八节被赋予了佛教文化内涵。相传释迦牟尼在腊月初八成道，寺庙会在这一天煮粥供佛，舍粥给老百姓。因此，腊八粥也被称为"佛粥"。

腊八节的传统习俗有喝腊八粥、祭祀祖先、泡腊八蒜等活动。腊八粥又称"七宝五味粥""大家饭"等，是一种由多种食材熬制而成的粥。腊八粥的食材丰富多样，包括谷物、豆类、干果等，象征着丰收和富足。在腊八节这天，人们会煮腊八粥供奉祖先和神灵，然后全家人一起享用，还会馈赠亲朋好友。在北方地区，腊八节还有泡腊八蒜的习俗。人们将包好的蒜瓣泡在醋中，密封保存，到了除夕时食用，寓意"算账"。腊八节不仅是一个传统节日，更是一个承载着感恩、祈福和健康追求的重要节日。

综上所述，中国传统节日绝非简单的时间"刻度"，它更是民族文化基因得以延续、传承的关键脉络，是民族精神在千载岁月中持续彰显的鲜明符号，是人类社会发展、演进至特定阶段时伟大的智慧结晶，宛若一座承载着民族精神与情感的宝库，每一个角落都镌刻着岁月的痕迹与民族的印记。

第三节　中国传统节日的类型与特征

一、中国传统节日的四大类型

（一）喜庆类节日

喜庆类节日是中国传统节日的重要组成部分，这些节日通常充满了欢乐、祥和和喜悦的氛围，是人们表达对生活美好愿景和对幸福生活向往的重要时刻。

1. 辞旧迎新与祈福纳祥

喜庆类节日往往象征着一个旧阶段的结束和新阶段的开始，人们通过各种仪式和活动，表达对过去一年的总结和对新一年的期待。如春节是中国最重要的传统节日，是农历新年的第一天。人们通过贴春联、放鞭炮、守岁等活动，辞旧迎新，祈求新的一年平安、顺利。人们在喜庆类节日中通过祭祀、祈福等仪式，祈求神灵与祖先的庇佑，希望新的一年能够获得丰收、健康和幸福。如春节期间，人们会祭拜祖先和神灵，祈求新的一年风调雨顺、五谷丰登。

2. 团圆与亲情的凝聚

许多喜庆类节日强调家庭成员的团聚，通过共同庆祝节日，增强家庭成员之间的情感联系。如中秋节是中国重要的传统节日之一，象征着团圆和美满。人们会在这一天与家人团聚，共赏明月，品尝月饼，表达对家人的思念和关爱。这些节日不仅是家庭团聚的时刻，也是传承家族文化和亲情的重要契机。人们通过共同参与节日活动，家庭成员之间的情感得以加深，家族文化得以延续。

3. 丰收与感恩

一些喜庆类节日与农事活动密切相关，人们通过节日庆祝丰收，表达对自然的感恩。如端午节在农历五月初五，正值初夏时节，人们通过赛龙舟、吃粽子等活动，庆祝丰收，祈求健康和平安。庆祝丰收的节日体现了人们对自然的敬畏和感恩之情。人们通过祭祀土地神、谷神等，人们感谢自然的馈赠，祈求来年继续获得丰收。

4. 爱情与婚姻的祝福

部分喜庆类节日与爱情有关，是表达爱意和祈求婚姻美满、幸福的时刻。如七夕节又称"牛郎织女节"，是中国传统的爱情节日。在这一天，人们通过各种活动，如乞巧、穿针等，祈求爱情的甜蜜和婚姻的美满，也表达了对婚姻的尊重和对夫妻关系的祝福。

5. 社会和谐与民族团结

喜庆类节日不仅是家庭的节日，也是社会的节日。人们通过共同庆祝，增强了社会凝聚力，促进了社会的和谐与稳定。如春节期间，人们会走亲访友，互相拜年，增进邻里关系和社会和谐。这些节日也是民族文化的体现，增强了民族认同感和归属感。如元宵节是中华民族的传统节日之一，人们通过赏花灯、猜灯谜等活动，共同庆祝，增强了民族团结和文化认同。

6. 文化传承与创新

喜庆类节日是中华传统文化的重要载体。人们通过节日活动，传承了丰富的文化遗产和传统习俗。如春节的贴春联、放鞭炮、舞龙、舞狮等活动，都是传统文化的重要体现。在现代社会，喜庆类节日也在不断创新和发展。如除夕的春节联欢晚会、线上拜年等形式，既保留了传统节日的文化内涵，又赋予了节日新的时代意义。

总的来说，喜庆类节日通过各种丰富多彩的活动，展现了人们对生活的热爱和对未来的美好祝愿，是中国传统文化中极具凝聚力和感染力的一部分。

（二）农事类节日

中国传统节日中的农事类节日，是与农业生产紧密相连的重要日子，其特点主要体现在与自然节气的紧密联系、以农耕生产为核心、具有鲜明的地域特色以及融合文化与生活的多重内涵。

1. 与自然节气紧密联系

农事类节日大多分布在二十四节气中，精准地反映了四季更替和气候变化，体现了古人对自然规律的深刻理解和尊重。如立春标志着春天的开始，提醒人们准备春耕；芒种则意味着麦子成熟，需要抓紧时间收割，同时水稻等农作物也进入播种期。

2. 以农耕生产为核心

在农事类节日这些特定的时节，人们会举行各种仪式和活动，以祈求风调雨顺、五谷丰登。这些活动不仅是对农业生产的庆祝，也是对农民辛勤劳作的肯定，体现了农业在中国传统社会中的重要地位。

3. 具有鲜明的地域特色

由于中国地域辽阔，不同地区的农业生产方式和农作物种类存在差异，因此，这些节日也呈现出丰富的地域特色。如北方的春耕和秋收活动与南方的水稻种植活动各有特点，使得农事类节日更加丰富多彩。

4. 融合文化与生活的多重内涵

在农事类节日里，人们通过各种习俗活动表达对自然的敬畏、对生活的热爱和对未来的期望。这些活动不仅丰富了人们的精神生活，也增强了乡村的凝聚力和文化认同感。

总的来说，农事类节日体现了中国古代农耕文明的智慧，展现了对自然规律的尊重和对农业生产的重视，是中国传统文化的重要载体。

（三）祭祀类节日

祭祀类节日的内涵丰富而深刻，体现了中华民族对祖先、自然和社会的敬畏与感恩，以及对家族、文化的传承与延续。

1. 敬畏自然与感恩生命

祭祀类节日体现了古人对自然的敬畏和对生命的感恩。在古代，自然现象和自然力量被赋予了神圣的意义，人们通过祭祀活动表达对自然的敬畏之情，祈求风调雨顺、五谷丰登。这种对自然的敬畏和感恩，反映了中华民族与自然和谐共生的哲学思想。

2. 传承家族文化与凝聚亲情

祭祀类节日是家族文化传承的重要载体。家族成员通过祭祀祖先，得以聚集一堂，共同缅怀先辈，传承家族的优良传统和价值观。这种家族的凝聚力不仅体现在家族内部，还能扩展到整个社会，增强社会的和谐与稳定。

3. 弘扬孝道与尊老、敬老

祭祀类节日蕴含着中华民族传统的孝道文化。祭祀祖先本身就是一种孝道的体现，是对先辈养育之恩的回报。同时，这类节日也强调了尊老、敬老的传统美德，如重阳节被称为"老人节"，体现了对老年人的尊重和关爱。

4. 表达对生死的思考与敬畏

祭祀类节日反映了中国人对生死的深刻思考，通过祭祀亡灵，人们表达了对生命的敬畏和对死亡的尊重。这种对待生死的态度体现了中华民族对生命价值的重视和对灵魂不灭的信仰。

5. 寄托对未来的美好祈愿

祭祀类节日不仅是对过去的追思，也是对未来的祈愿。人们通过祭祀活动祈求祖先和神灵的庇佑，希望新的一年能够平安顺遂、吉祥如意。这种对未来美好生活的向往和祈愿体现了中华民族积极向上的精神风貌。

6. 强化文化认同与民族的凝聚力

祭祀类节日是中华文化的重要组成部分，承载着丰富的历史和文化内涵。这类节日的传承，不仅强化了人们对本民族文化的认同感，也增强了民族的凝聚力和向心力，使中华文化得以延续和发展。

（四）纪念类节日

传统的纪念类节日主要以重大历史事件及重要人物为主，通过举行特定的仪式活动，纪念与缅怀历史事件或人物的精神，其内涵主要体现在以下几个方面：

1. 历史记忆与文化传承

纪念类节日是中华民族对重大历史事件、重要人物和时间节点的忠实记录，承载着丰富的历史记忆和文化传承。这些节日通过特定的仪式和活动，将历史事件和人物的精神、内涵代代相传，成为民族文化的重要组成部分。

2. 民族精神的凝聚与弘扬

纪念类节日不仅是对过去的缅怀，更是对民族精神的凝聚与弘扬。人们通过节日活动表达对先辈的敬仰和对民族精神的传承，增强了民族的认同感和凝聚力。如端午节纪念屈原，体现了对爱国精神的弘扬。

3. 社会价值与道德教化功能

纪念类节日具有重要的社会价值和道德教化功能。这些节日通过纪念历史人物和事件，传递了中华民族的传统美德，如忠诚、勇敢、爱国等，对社会成员起到了积极的教育作用。

4. 文化认同与共同体意识

纪念类节日强化了中华民族的文化认同和共同体意识。不同地区、不同民族的人们通过共同参与节日活动，能够感受到共同的文化根源和精神纽带，增强了中华民族的凝聚力和向心力。

5. 仪式与象征意义

纪念类节日通常伴随着特定的仪式和象征性活动，这些仪式和活动不仅是对历史的纪念，也具有深刻的象征意义。如清明节的扫墓、祭祖活动，不仅是对祖先的缅怀，也象征着对家族根源的尊重和对生命延续的敬畏。

6. 文化记忆与社会记忆

纪念类节日是文化记忆和社会记忆的重要载体。这些节日通过年复一年的庆祝活动，将历史事件和人物的记忆固化在社会文化中，成为全体成员的共同记忆。这种记忆的传承不仅增强了文化的连续性，也促进了社会的稳定和发展。

7. 多元文化融合

纪念类节日在传承过程中不断吸收和融合多种文化元素，形成了丰富多彩的文化形态。这种多元文化的融合不仅丰富了节日的内涵，也体现了中华文化的包容性和开放性。

这些内涵共同构成了纪念类节日的文化价值，使其成为传承和弘扬中华优秀传统文化的重要载体。

二、中国传统节日的主要特点

(一) 时间性

1. 固定日期

中国传统节日大多有固定的日期，这些日期是根据历法（主要是农历，也叫阴历）来确定的。如春节是农历正月初一，元宵节是农历正月十五，清明节一般在公历 4 月 5 日左右，端午节是农历五月初五，中秋节是农历八月十五。这种时间上的固定性使得人们能够提前规划庆祝活动，代代相传。

这种时间性也与自然节气和农事活动密切相关。如二十四节气的清明时节，气温升高，春暖花开，正是春耕、春种的大好时机。人们在祭祖、扫墓的同时，也欣赏着大自然的美景，体现了对自然规律的尊重和顺应。

2. 周期性

中国传统节日具有周期性，每年都是相同的时间。这种周期性使得节日文化得以持续、传承。以春节为例，每到年末，人们开始准备年货，贴春联、挂灯笼，然后在除夕夜守岁，大年初一拜年。这种周期性的庆祝活动就像一种文化仪式，强化了人们对节日的记忆和情感认同。

（二）文化性

1. 丰富的文化内涵

中国传统节日蕴含着深厚的文化内涵，包括宗教信仰、神话传说、历史典故、价值观念等。如端午节，它的起源有多种说法，其中流传最广的是纪念爱国诗人屈原。屈原在农历五月初五投江自尽，人们为了纪念他，在这一天举行赛龙舟、吃粽子等活动。这些活动的背后是人们对屈原爱国精神的缅怀，也体现了人们对忠诚、正义等价值观的推崇。

春节象征着辞旧迎新、团圆、幸福，也包含了对祖先的祭祀、对天地神灵的感恩，以及对新一年的美好祈愿。贴春联、放鞭炮等习俗都承载着驱邪避祸、迎祥纳福的文化寓意。春联上的吉祥话语如"福星高照""春回大地"等，体现了人们对生活的热爱和对未来的美好期待。

2. 地域文化差异性

中国传统节日在不同地区有着不同的庆祝方式和习俗，体现了地域文化的多样性。以春节为例，在北方，人们喜欢吃饺子，饺子的形状像古代的金元宝，象征着财富和好运。而在南方，有些地方喜欢吃年糕，因为"年糕"谐音"年高"，寓意着生活一年比一年好。在一些少数民族地区，春节的庆祝方式也别具一格。如彝族的火把节，虽然与春节的时间不同，但在彝族文化中也具有辞旧迎新的意义，人们通过点燃火把来驱邪避灾、祈求丰收。

（三）仪式性

1. 独特的庆祝仪式

中国传统节日通常有一套独特的庆祝仪式。这些仪式是节日文化的重要组成部分，人们通过仪式活动来表达对节日的重视和对生活的热爱。如中秋节，人们会在这一天赏月、吃月饼。赏月是一种富有诗意的仪式，人们在月光下吟诗作画，欣赏月色，享受天伦之乐。月饼则是中秋节的标志性食品，它的形状是圆形的，象征着团圆和美满。人们会把月饼分给家人和朋友，传递亲情和友情。

在一些传统节日中，还有祭祀仪式。如清明节的祭祖、扫墓，人们会到祖先的墓前献上鲜花、供品等，表达对祖先的怀念和敬意。这种祭祀仪式体现了中华民族重视家族、孝道的文化传统。

2. 仪式的传承性

节日的仪式活动具有很强的传承性，从古至今一直延续。虽然随着时代的发展，一些仪式的形式可能会有所变化，但其核心内容和文化内涵依然保留。如过去人们在春节期间放鞭炮是为了驱赶年兽，现在虽然人们知道年兽只是传说，但放鞭炮的习俗却保留下来，它已经从一种驱赶年兽的仪式转变为庆祝新年的喜庆方式了，不仅增强了节日热闹的氛围，也强化了文化传承，体现了传统节日仪式在传承中的演变和发展。

（四）情感性

1. 家庭情感纽带

中国传统节日是强化家庭情感纽带的重要契机。每逢节日，人们会回到家乡，与家人团聚。如春节，无论人们身在何处，都会想尽办法回到家人身边，和家人一起吃年夜饭。年夜饭是一年中最重要的一顿饭，它象征着团圆和幸福。全家人围坐在一起，分享美食，交流感情，这种家庭的温暖和亲情在节日的氛围中得到升华。其他节日，如中秋节、元宵节，人们也会尽量和家人一起度过，即使不能团聚，也会通过打电话、视频通话等方式表达思念之情。这种家庭情感的凝聚是传统节日的重要情感价值所在。

2. 民族情感共鸣

中国传统节日还能激发民族情感共鸣。它是中华民族共同的文化遗产，每个节日都承载着民族的历史和记忆。当人们在春节期间一起贴春联、放鞭炮，或者在端午节一起赛龙舟、吃粽子时，他们不仅仅是在庆祝一个节日，更是在表达对民族文化的认同和自豪。这种民族情感共鸣使得传统节日成为凝聚民族精神的重要力量。

第四节　中国传统节日的重要意义

中国传统节日是历史文化的重要载体，承载着历史记忆，传承着民俗文化，弘扬着传统的价值观，节日习俗蕴含着丰富的文化内涵，体现了对祖先的崇敬、对家庭的重视等传统美德。中国传统节日能够增强民族认同感，促进家庭和谐，加强社区联系。在庆祝节日的过程中，人们通过共同参与活动，感受民族的归属感，增进家庭成员之间的情感联系，拉近邻里之间的距离，构建和谐的社会关系。传统节日早已成为人们日常生活中的重要部分，其中蕴含着深厚的民族情感和人文精神，成为中国人存在的方式和文化象征。

一、起到中华传统节日文化复兴的重要作用

（一）文化传承与认同

中国传统节日是中华优秀传统文化的重要载体，承载着中华民族的历史记忆和核心价值观。人们通过庆祝传统节日，能够感受到深厚的历史文化底蕴，增强对本民族文化的认同感和自豪感。如春节的团圆、端午节的爱国情怀、中秋节的思乡之情等，这些节日文化内涵在代代相传中得以延续和强化。

（二）促进文化创新

中国传统节日的复兴并非简单的复古，而是要在传承的基础上进行创新。传统节日借助现代科技手段，如数字技术、新媒体等，被赋予新的形式和内涵，如通过线上科普、文艺演出、沉浸式体验等方式，让中国传统

节日的文化魅力在新时代焕发出新的光彩。这种创新不仅能够吸引年轻人的参与，还能推动中国传统节日文化的创造性转化和创新性发展。

（三）增强民族凝聚力

中国传统节日是中华民族共同的文化符号，具有强大的凝聚力和向心力。在庆祝节日的过程中，人们无论身处何地，都能感受到民族的归属感和认同感。如春节时，无论是国内还是海外的华人，都会通过各种方式庆祝春节，这种共同的文化体验能够增强民族的凝聚力。

（四）推动经济发展

中国传统节日的复兴也能带动相关产业的发展，促进经济增长。如春节期间的消费高峰、端午节的旅游热潮等，都为经济注入了新的活力。人们将传统节日与文旅产业相结合，可以开发出具有特色的文化产品和旅游项目，推动地方经济的发展。

（五）应对文化同质化挑战

在全球化的背景下，文化同质化的风险日益凸显。中国传统节日的复兴有助于保护和弘扬中华文化的独特性，避免在文化全球化过程中失去自身的文化特色。通过挖掘和展示传统节日的文化内涵，可以增强中华文化的影响力和吸引力。

（六）促进文化交流与互鉴

中国传统节日不仅是中华文化的重要组成部分，也是与其他文化进行交流和互鉴的重要窗口。通过举办传统节日活动，可以向世界展示中华文化的魅力，促进不同文化之间的相互理解和尊重。这种文化交流不仅有助于提升中华文化的国际地位，也能够丰富人类文化，体现其多样性的特点。

（七）培养文化自信

中国传统节日的复兴能够增强人们对中华文化的自信。人们通过深入了解和参与传统节日活动，能够更加深刻地感受到中华文化的博大精深，从而更加坚定文化自信。这种文化自信是中华民族在经济全球化和文化多样化背景下保持独立性和创造力的重要精神支柱。

总之，传统节日在中华传统节日文化复兴中具有不可替代的重要作用。在全球化和多样化的时代背景下，中国传统节日不仅能够传承和弘扬中华文化，还能够促进文化交流与互鉴，增强民族凝聚力和文化自信。因此，我们应当高度重视中国传统节日的复兴，通过创新和传承相结合的方式，让传统节日在新时代焕发出更加夺目的光彩。

二、起到农耕文明的传承与再现作用

（一）传统节日是农耕文明的时间刻度

中国传统节日大多与农事活动密切相关，是古代先民根据自然节律和农业生产需求而设立的时间节点。如谷雨是二十四节气之一，是春耕、春种的关键时期。在谷雨时节，江南茶农会采摘新茶，北方则有吃香椿的习俗，这些活动都与农耕生产紧密相连。这种与自然节律相契合的节日安排，不仅指导了农业生产，也反映了古人对自然规律的深刻理解和尊重。

（二）传统节日承载着农耕文明的文化内涵

1. 感恩自然与祭祀文化

许多传统节日都有祭祀活动，蕴含着对自然的感恩。如在秋分时节设立的"中国农民丰收节"，它不仅是庆祝丰收的节日，更是对自然馈赠的感恩表达。这种感恩文化体现了农耕文明中人与自然和谐共生的理念。

2. 传承农耕技艺与知识

中国传统节日中的一些习俗和活动，如春社、秋社等，不仅是庆祝丰收的仪式，也是传承农耕技艺和知识的重要场合。通过这些节日活动，古老的农耕智慧得以代代相传。

（三）传统节日是农耕文明的活态再现

中国传统节日通过丰富的民俗活动，生动再现了农耕文明的生活场景。如清明节的踏青、植树等活动，反映了古代农耕社会对自然的关注和利用；端午节的龙舟竞渡，最初是祈求风调雨顺、五谷丰登的祭祀活动，后来逐渐演变成具有竞技性和娱乐性的民俗活动。这些活动不仅保留了农耕文明的原始风貌，也使其在现代社会中焕发出新的活力。

（四）传统节日促进了农耕文明的传承与发展

1. 增强文化认同感

中国传统节日作为农耕文明的重要载体，能够增强人们对农耕文化的认同感和归属感。通过参与节日活动，人们能够更加深刻地感受到农耕文明的魅力，从而激发保护和传承农耕文化的积极性。

2. 推动文化创新与融合

在现代社会，中国传统节日也在不断创新和发展。如通过将传统节日与现代科技、旅游等产业相结合，开发出具有时代特色的文化产品和旅游项目，既促进了农耕文化的传承，又推动了文化创新。

（五）传统节日在新时代的价值

1. 弘扬生态文明理念

中国传统节日中蕴含的生态文明观念，如"天人合一""循环利用"等，为现代生态文明建设提供了宝贵的思想资源。如"中国农民丰收节"倡导的生态农业理念，有助于推动绿色、可持续的农业发展。

2. 促进乡村振兴

中国传统节日的复兴为乡村振兴提供了重要的文化支撑。农村通过举办节庆活动，可以吸引游客，带动乡村旅游和农产品销售，促进农村经济发展。

总之，中国传统节日不仅是农耕文明的重要载体，也是其活态传承和再现的重要方式。在新时代，传统节日的复兴不仅有助于弘扬农耕文化，还能促进文化创新和社会发展。

三、起到增强中华民族凝聚力和情感认同的作用

（一）传统节日成为文化认同的载体

中国传统节日是中华民族文化的重要组成部分，承载着丰富的历史记忆和文化内涵。这些节日不仅是时间的刻度，更是民族情感和价值观的集中体现。如春节、清明节、端午节、中秋节等传统节日，通过一系列的习俗和仪式，传递了中华民族共有的历史记忆和共同的情感追求。这些节日文化符号和仪式，如春节的团圆饭、清明节的祭祖、端午节的龙舟竞渡、中秋节的赏月等，都具有强烈的民族认同感和归属感。

（二）传统节日促进家庭与社会的和谐

中国传统节日强调家庭团聚和社会和谐，是维系家庭和社会关系的重要纽带。如春节和中秋节都是以家庭团聚为主题的节日，人们无论身在何处，都会想尽办法回到家乡，与家人团聚。这种家庭团聚的习俗不仅增强了家庭成员之间的情感联系，也促进了社会的和谐与稳定。此外，传统节日中的许多习俗，如端午节的龙舟竞渡、重阳节的登高等，都是社会成员共同参与的活动，这些活动有助于增强社会成员之间的互动和凝聚力。

（三）传统节日强化民族精神与价值观

中国传统节日通过丰富的文化内涵和仪式活动，传递了中华民族的核心价值观，如爱国、忠孝、仁爱、团结、和谐等。如端午节纪念屈原的爱国精神，清明节体现了对祖先的敬仰和怀念，这些节日活动不仅传承了中华民族的传统美德，也强化了民族精神和价值观。通过这些节日活动，人们能够更加深刻地感受到中华民族的共同精神追求，从而增强民族的凝聚力。

（四）传统节日助力中华民族共同体建设

中国传统节日是中华民族共同体建设的重要文化基础。这些节日不仅

反映了中华民族的多样性和丰富性，也体现了各民族文化的共同性和统一性。各民族通过传统节日开展的活动，能够共享文化体验，互相理解和认同，从而铸牢中华民族共同体意识。如某个城市举办的传统节日主题活动通过民俗文化庙会、中秋赏月等民俗活动，努力营造民族团结、国家统一、社会和谐的节日氛围。

（五）传统节日在现代社会的价值

在现代社会，传统节日依然具有重要的现实意义。传统节日通过创新节日庆祝方式，如结合现代科技和文化手段，更好地适应时代需求，继续发挥其凝聚民族情感、增强文化认同的作用。如春节期间的线上拜年、元宵节的线上猜灯谜活动等，不仅丰富了节日的形式，也让更多的人能够参与到节日庆祝活动中来。

总之，中国传统节日在增强中华民族凝聚力和情感认同方面发挥着不可替代的作用。这些节日通过丰富的文化内涵和仪式活动，传递了中华民族的核心价值观，促进了家庭和社会的和谐，强化了民族精神，为中华民族共同体建设提供了重要的文化支撑。

四、起到社会调节与规范的作用

（一）促进家庭和谐与社会团结

中国传统节日强调家庭团聚和社会和谐，是维系家庭和社会关系的重要纽带。这种家庭团聚的习俗不仅增强了家庭成员之间的情感联系，也促进了社会的和谐与稳定。此外，传统节日中的诸多习俗，如清明节的祭祖、端午节的龙舟竞渡等，都强调了家族意识和血缘亲情。

（二）传递社会规范与伦理观念

中国传统节日通过特定的仪式和习俗传递道德标准和社会规范。如清明节的祭祖活动体现了对祖先的敬仰和怀念，强化了家族意识和孝道观念。端午节纪念屈原的爱国精神，体现了对忠诚和爱国的推崇。这些节日活动不仅传承了中华民族的传统美德，也强化了社会成员的伦理观念和道德规范。

（三）调节人际关系

中国传统节日通过各种社交活动促进了人与人之间的互动和关系调节。如在节日期间，亲戚、朋友、邻里之间会相互馈赠礼品，如端午节的粽子、中秋节的月饼等，这种礼尚往来的习俗加深了人与人之间的情感联系与沟通。此外，节日活动中的集体参与，如春节的庙会、元宵节的灯会等，也为人们提供了社交平台和机会，促进了社区成员之间的交流与合作。

（四）增强民族凝聚力

中国传统节日作为民族文化的重要载体，能够增强民族认同感和凝聚力。如春节、端午节、中秋节等节日，不仅在汉族地区开展庆祝活动，也对少数民族产生了深远的影响。许多少数民族也参与这些节日的庆祝活动。这种共同的文化体验有助于增强各民族之间的相互理解和认同，促进民族团结。

（五）促进社会和谐与稳定

中国传统节日通过一系列的仪式和习俗活动，调节了社会成员的心理状态和行为规范。如端午节的龙舟竞渡不仅是一种体育活动，也是一种社会凝聚力的体现。此外，节日活动中的娱乐和休闲功能，如春节的舞龙与舞狮、元宵节的猜灯谜等，为人们提供了放松和娱乐的机会，缓解了日常生活中的压力，促进了社会的和谐与稳定。

（六）传承文化与教育功能

中国传统节日具有强烈的社会教育功能，通过节日活动，人们能够继承和弘扬中华民族的优良传统美德。如清明节的祭祖活动、端午节纪念屈原的故事等，都具有深刻的教育意义，能够引导人们树立正确的价值观和道德观。此外，节日活动中的各种仪式和习俗，如春节的贴春联、守岁等，也为人们提供了学习和传承传统文化的机会。

　　总之，中国传统节日在社会调节与规范方面发挥着不可替代的作用。传统节日能够促进家庭和谐、传递社会规范、调节人际关系、增强民族凝聚力、促进社会和谐与稳定以及传承文化与教育功能，不仅丰富了人们的精神生活，也为社会的稳定和发展提供了重要的文化支撑。

第二章　中国传统节日文化

　　文化是一个非常广泛且复杂的概念。它是一个社会群体在长期的共同生活中逐渐形成的一套价值观、信仰、行为规范、风俗习惯、艺术形式、科学技术等的总和。文化是人类在改造自然和社会的过程中创造的物质财富和精神财富的总和。文化具有传承性，通过语言、文字、教育等方式代代相传，使人类社会能够不断进步和发展。

　　中国传统节日文化是指以中国传统节日为核心，围绕节日形成的一系列文化现象和文化内涵，是中华民族在长期历史发展过程中形成的一种独特的文化现象，它蕴含着丰富的历史、文化、民俗、伦理、艺术和情感内涵，是中华民族精神和价值观的重要体现。这些传统节日包括春节、元宵节、清明节、端午节、七夕节、中秋节、重阳节等，每个节日都有其独特的起源、传说、习俗、仪式和文化象征。

　　中国传统节日文化是中国文化的重要组成部分，它承载着中华民族的历史记忆、价值观和情感纽带。每个节日都有其独特的历史渊源和传说故事，人们在庆祝节日的过程中，了解和铭记民族历史。同时，中国传统节日文化包含了丰富多彩的民俗活动，蕴含着丰富的艺术形式，如诗词、绘画、音乐、舞蹈、戏剧等。这些活动具有鲜明的地域特色和文化内涵，不仅丰富了人们的生活，也增强了民族的凝聚力和文化认同感。

　　中国传统节日文化是中华民族的瑰宝，体现了中华文化发展的时间脉络，承载着中华民族的历史记忆、民族情感、思想观念和价值观。在现代社会，我们应加强对传统节日文化的保护和传承，让这些优秀的文化遗产在新时代焕发出新的光彩。

第一节　中国传统节日文化概述

一、中国传统节日文化的概念

中国传统节日文化是指在中华民族漫长的历史发展过程中逐渐形成并传承至今，具有独特民族风格和丰富文化内涵的节日体系及相关文化现象。它涵盖了从古代农耕文明时期到现代社会各个阶段，以特定的节日为载体，包含各种风俗习惯、仪式活动、文化观念等内容，是中华民族传统文化的重要组成部分。

二、中国传统节日文化的形式

（一）节日仪式

1. 祭祀仪式

祭祀仪式是中国传统节日文化中非常重要的形式之一。如在清明节，人们会扫墓、祭祖，通过献上鲜花、供品等方式来表达对祖先的怀念和敬意。这种祭祀仪式有着严格的程序，包括整理墓地、上香、叩拜（或鞠躬）等环节，体现了中华民族慎终追远的文化传统。

2. 祈福仪式

祈福仪式是一种承载着深厚文化内涵和历史传统的活动，形式丰富多样，因地域、民族、宗教信仰及祈福目的的不同而有所差异。春节期间，人们会贴春联、贴"福"字、放鞭炮。贴春联是将写有吉祥话语的对联贴在大门的两边，祈求新的一年平安顺利、万事如意。放鞭炮则有驱邪迎祥的寓意。

（二）节日活动

1. 体育竞技活动

传统节日习俗中很多涉及体育竞技的活动，端午节的龙舟竞渡就是典型的例子。龙舟竞渡起源于古代百越地区对龙图腾的祭祀活动，后来逐渐演变为一项全民参与的体育竞技活动。在这一天，人们会组织龙舟比赛，参赛队伍在江河湖海中奋力划桨，争夺龙舟赛的胜利。这种活动不仅锻炼了人们的身体，还增强了团队合作精神。

2. 游艺活动

元宵节的灯会是传统节日游艺活动的代表。在元宵节期间，各地会举办盛大的灯会。人们会制作各种精美的花灯，有走马灯、宫灯、动物造型的灯等。人们可以提着花灯在街头巷尾游玩，还可以猜灯谜。灯谜是一种文字游戏。人们将谜面写在长纸条上，再吊挂在灯笼的正下方，人们通过思考猜出谜底，增添了节日的乐趣。

（三）节日饮食

每个节日都有独特的食物。如春节有饺子，饺子的形状像古代的金元宝，象征着财富。在北方，人们会在大年三十晚上包饺子，一家人围坐在一起，一边包饺子，一边聊天，其乐融融。中秋节有月饼，月饼是圆形的，寓意着团圆。人们会购买各种馅料的月饼，如五仁的、莲蓉的、蛋黄的等，在中秋节的晚上一边赏月，一边吃月饼，享受美好的家庭团聚的时光。

三、中国传统节日文化的内容

（一）神话传说

许多传统节日都和神话传说紧密相连。如七夕节，它源于牛郎织女的传说。相传牛郎和织女被银河阻隔，只能在每年农历七月初七这一天，通过喜鹊搭桥相会。这个传说体现了人们对美好爱情的向往，也反映了古代社会男女之间的爱情受到诸多限制的现实。七夕节也被称为"中国情人节"，在这一天，年轻的情侣们会互赠礼物，表达爱意。

（二）历史纪念

部分传统节日源于对历史人物或事件的纪念。如端午节是为了纪念爱国诗人屈原。屈原是战国时期楚国的大臣，他忠诚爱国，因楚国灭亡而投江自尽。为了纪念他，人们在端午节这天包粽子、赛龙舟。粽子是用竹叶包裹糯米等食材制作而成，最初是为了防止鱼虾啃食屈原的身体而投入江中的食物。这种具有历史纪念内涵的传统节日体现了人们对爱国主义精神的推崇。

（三）民间信仰

在一些传统节日中，民间信仰起着重要的作用。如春节贴门神和"福"字、清明节扫墓、端午节挂艾草和菖蒲等一系列的节日习俗皆来自民间信仰，人们通过这些仪式活动，达到祈福与缅怀的目的，得到精神上的慰藉。

四、中国传统节日文化的意义

（一）文化传承意义

中国传统节日文化是中华民族传统文化的重要组成部分。通过节日的庆祝活动，让各种风俗习惯、民间艺术、语言文字等文化元素得以传承。如在端午节的龙舟竞渡中，龙舟的制作工艺是一种民间手工技艺，从选材、雕刻龙头、组装船身到装饰，每一步都蕴含着丰富的工艺知识。这些技艺在节日活动中代代相传，使得中华民族的传统文化得以延续，避免了文化的断层。

（二）社会凝聚意义

中国传统节日为人们提供了聚会的契机。"每逢佳节倍思亲"，到了过节的时候，人们都想和家人团聚，这种团聚不仅加强了家庭成员之间的感情，还增强了整个社会的凝聚力。人们在共同庆祝节日活动的过程中，分享快乐，交流感情，形成了和谐的社会氛围，有利于社会的稳定。

（三）精神寄托意义

中国传统节日文化承载着人们的精神寄托。清明节祭祖时，人们通过缅怀祖先表达对祖先的感恩之情，同时也寄托了对家族传承的期望。人们在重阳节登高远望时，可以抒发对自然的热爱之情和对人生哲理的思考。这些节日活动让人们在忙碌的生活中找到情感的寄托和精神上的慰藉。

五、中国传统节日文化的内涵

中国传统节日文化是中华民族优秀传统文化的重要组成部分，体现了中华民族传统文化的核心价值，蕴含着丰富的文化内涵与深厚的历史底蕴，具有多维度的内涵特征。

（一）自然崇拜与顺应自然规律

中国传统节日的形成与自然崇拜密切相关，体现了古人对自然规律的敬畏与顺应。古代农业社会高度依赖自然，人们通过观察自然现象，感知四季更替与自然节律，逐渐形成了以自然为本的节日体系。节日的设置往往与自然现象相呼应，如春季的清明节，夏季的端午节，秋季的中秋节，冬季的冬至、春节等，这些节日的安排与四季的转换相契合，反映了古人对自然规律的深刻认知。在节日活动中，人们通过祭祀、祈福等形式，表达对自然神灵的敬畏之情，祈求自然的恩赐与庇佑，同时也体现了对自然的感恩与尊重，强调人与自然的和谐共生。

（二）家庭观念与亲情纽带

中国传统节日文化强调家庭观念与亲情纽带，体现了中华民族重视家庭伦理的传统美德。家庭是中国传统社会的基本单位，节日是家庭成员团聚的重要时刻，承载着人们对家庭的深厚情感与美好期望。每逢节日，家庭成员会通过各种仪式与活动，表达对长辈的敬爱、对晚辈的关爱以及对亲朋好友的祝福，进一步加深家庭成员之间的情感联系。这种以家庭为核心的价值观念，不仅维系了家庭的稳定与和谐，也促进了社会的团结，使家庭成为传承文化、延续血脉的重要载体。

（三）历史传承与文化记忆

中国传统节日是历史传承与文化记忆的重要载体，承载着中华民族的历史记忆与文化传统。每个节日都有其独特的历史渊源与文化背景，反映了不同历史时期的社会风貌、文化特征与价值观念。节日的传承不仅是对历史的延续，也是对文化记忆的保存与弘扬。通过节日习俗活动，人们得以重温历史，缅怀先辈，传承民族精神与文化传统。这些节日在历史的长河中不断演变与发展，但其核心的文化内涵与价值观念却得以延续，成为中华民族文化认同与民族凝聚力的重要象征。

（四）社会交往与和谐秩序

中国传统节日文化具有重要的社会交往功能，促进了社会的和谐秩序。在节日中，人们通过走亲访友、互相拜年、赠送礼品等形式，加强了人与人之间的联系与交流，增进了社会成员之间的感情与信任。这种社会交往不仅限于家庭内部，也扩展到邻里、朋友、同事等更广泛的社会关系中。节日的庆祝活动为人们提供了一个交流与互动的机会，使人们能够在欢乐、祥和的氛围中化解矛盾、增进友谊，促进了社会的和谐与稳定。同时，节日中的各种仪式与习俗也具有规范社会行为、维护社会秩序的作用，通过这些共同的文化活动，人们能够更好地理解和遵守社会规范与道德准则，形成良好的社会风气。

（五）精神寄托与文化认同

中国传统节日文化是人们的精神寄托与文化认同的重要体现。节日的庆祝活动往往伴随着丰富的文化内涵与精神寓意，为人们提供了宣泄情感与精神慰藉的条件和方式。在节日中，人们通过参与各种仪式与活动，表达对生活的热爱、对未来的憧憬以及对美好生活的向往，满足了人们的精神需求与情感寄托。同时，节日文化也增强了人们的文化认同感与民族自豪感，使人们在共同的文化传统中找到归属感，凝聚了民族精神与文化力量。这种精神寄托与文化认同不仅丰富了人们的精神世界，也促进了民族文化的传承与发展。

中国传统节日文化是中华民族的宝贵文化遗产，它蕴含着丰富的文化内涵与深刻的历史智慧。通过对节日文化的传承与弘扬，我们不仅能够更好地了解中华民族的历史与文化，还能够树立文化自信，为中华民族的繁荣与发展提供强大的精神动力。

第二节　中国传统节日文化的特点

中国传统节日文化是一种文化现象，也是一种文化形态，是在历史长河中不断发展、演变、丰富的结果，具有显著的特点，也是传统节日文化区别于其他文化的标志。

一、基于农耕文化的特点

（一）节日时间与农事时令紧密相连

1. 以二十四节气为依据

中国传统节日的时间与二十四节气密切相关。二十四节气是中国古代农耕文明的产物，反映了自然界的季节变化和农事活动规律。如立春标志着春天的开始，提醒人们春播备耕。彼时，人们会举行迎春仪式，祈求新的一年风调雨顺、五谷丰登。清明时节，气温升高，正是春耕、春种的大好时节，人们在扫墓、祭祖的同时，开始播种农作物。

2. 节日时间分布体现农事节奏

中国传统节日的时间分布与农事活动的节奏相适应。农闲时，节日活动相对集中，人们有更多的时间来庆祝和休息。如春节期间，正值冬季农闲，人们可以利用这段时间走亲访友、拜年贺岁、放松身心，为新一年的农事活动养精蓄锐。

（二）节日习俗与农业生产密切相关

1. 祭祀活动祈求丰收

许多传统节日都有祭祀活动，这些祭祀活动往往与农业生产密切相关。

祭祀的对象包括土地神、祖先和神农氏等。人们希望通过祭祀活动祈求神灵保佑，获得丰收。如农历二月初二龙抬头（也称春耕节），人们会祭祀土地神，祈求土地神的保佑和丰收。在秋收之后，人们也会举行祭祀活动，感谢神灵和祖先的庇佑，庆祝丰收。

2. 节日活动体现农事劳作

一些节日活动的内容和形式也与农事劳作有关。如春分、清明及端午节期间，土家族人在田间劳作时有敲打薅草锣鼓的风俗，这种活动可以协调劳动节奏，鼓舞劳动者的情绪和干劲儿。每逢彝族的栽秧节，人们在栽秧时会安排专门的人敲打栽秧锣鼓，这样既能缓解劳作的疲劳，又能增强劳动的趣味性。

（三）节日饮食与农耕产物相关

1. 节日食物体现季节性

中国传统节日的饮食习俗也深受农耕文化的影响，节日食物往往与当季的农作物有关。如春节时北方吃饺子，饺子的馅料多为猪肉、白菜等，这些食材在冬季容易保存。端午节吃粽子，粽子的主要原料是糯米，而糯米是南方的主要农作物之一。中秋节吃月饼，月饼的馅料丰富多样，其中一些传统馅料如莲蓉、豆沙等，也与当地出产的农作物有关。

2. 节日饮食寓意丰收

节日饮食不仅是为了满足口腹之欲，还承载着人们对丰收的祈愿和庆祝。如在一些地区，小雪节气有杀猪、腌菜的习俗，大雪节气有腌肉的习俗，这些习俗一方面是为了保存食物，另一方面也体现了人们对冬季农事活动结束后的庆祝，以及对来年丰收的期盼。

（四）节日文化蕴含农耕伦理观念

1. 强调人与自然的和谐、共生

中国传统节日文化体现了农耕文化中人与自然和谐、共生的理念。人们在节日活动中敬畏自然、顺应自然规律，通过祭祀、庆祝等方式表达对自然的感恩之情。如在立春时，人们会举行迎春仪式，祈求新的一年风调雨顺，这体现了人们对自然的敬畏和对农业生产顺利进行的期望。

2. 体现勤劳、节俭的农耕精神

农耕文化强调勤劳和节俭，这种精神也体现在传统节日文化中。在节日准备过程中，人们会提前准备各种物资，如春节期间的年货、端午节的粽子等，这都体现了勤劳的品质。同时，节日食物的制作也注重节俭，如利用当季食材制作美食，保证食材的易得性，避免浪费。

二、基于历史文化的特点

（一）传统节日是历史文化长期积淀的产物

中国传统节日的形成是一个漫长的历史过程，是中华民族历史文化积淀、凝聚的结果。大部分节日习俗在上古时期就已初露端倪，但其习俗内容的丰富与流行则经过了漫长的发展过程。如春节起源于上古时期的岁首祈岁祭祀，是古人对天地神灵、祖先恩德的报祭。这些节日习俗在历史长河中逐渐完善，成为中华传统文化的重要组成部分。

（二）传统节日承载着深厚的历史伦理内涵

中国传统节日蕴含着丰富的历史伦理价值，主要体现在尊祖敬贤和慎终追远的观念上。如清明节是祭祀祖先、追念先贤的重要节日，体现了对先祖的感恩和对历史的尊重。端午节纪念屈原，反映了对历史先贤的崇敬和对爱国主义精神的弘扬与传承。这些节日通过祭祀、纪念等活动，强化了人们对历史的记忆和对先辈的敬仰。

（三）传统节日反映了古代社会的生活方式和价值观念

中国传统节日的习俗和活动形式反映了古代社会的生活方式和价值观念。如春节的贴春联、放鞭炮等活动，体现了古人驱邪避凶、祈求平安的心理。元宵节的灯会和猜灯谜活动，反映了古代社会的娱乐方式和文化生活。这些节日习俗不仅丰富了人们的生活，也传递了中华民族的传统价值观，如家庭和睦、社会和谐等。

（四）传统节日促进了文化的传承和发展

中国传统节日是中华文化传承的重要载体，通过节日活动，各种文化元素得以代代相传。如中秋节的赏月和吃月饼习俗，不仅体现了人们对团圆的向往，也传承了与月亮相关的神话传说和诗词文化。在历史发展过程中，传统节日不断吸收新的文化元素，形成了更加丰富多样的文化内涵。

（五）传统节日具有强大的内聚力和包容性

中国传统节日具有很强的内聚力和广泛的包容性，一到过节，举国同庆，这与中华民族源远流长的悠久历史一脉相承。节日文化是中华民族生活文化精粹的集中展示，凝聚着中华文明的思想精华。如春节作为中华民族最隆重的传统佳节，不仅集中体现了中华民族的思想信仰、理想愿望，还展示了丰富的文化心理和生活情趣。这种内聚力和包容性使得传统节日成为维系中华民族文化认同的重要方式。

中国传统节日文化基于历史文化的特点，使其成为中华民族文化的重要组成部分，承载着丰富的历史记忆和文化内涵，对中华民族的文化传承和发展具有重要意义。

三、基于饮食文化的特点

中国传统节日文化与饮食文化紧密相连，饮食不仅是节日庆祝的重要组成部分，还承载着丰富的文化内涵和情感寓意。

（一）饮食与节日寓意的结合

1. 象征团圆

月饼是中秋节的标志性食品。月饼的圆形象征着团圆和完整，人们通过分享月饼来表达对家人团聚的渴望和祝福。如苏轼的"但愿人长久，千里共婵娟"表达了即使不能团聚，也能共享美好月光的意境。除夕的年夜饭是春节最重要的饮食活动之一。全家人围坐在一起，共享丰盛的年夜饭，象征着家庭的团圆和幸福。年夜饭中的饺子、鱼等食物也有特定的寓意，如饺子象征财富，鱼象征"年年有余"。

2. 象征丰收

中秋节除了月饼，人们还会准备各种水果，如苹果、葡萄、柿子等，这些水果不仅美味，也象征着丰收和富足。重阳糕是重阳节的传统食品。重阳糕通常做成九层，象征着步步高升，表达了人们对生活的美好祝愿。

3. 象征健康和长寿

菊花酒和茱萸是重阳节的重要象征。菊花被视为长寿之花，饮菊花酒被认为可以祛灾祈福，佩戴茱萸被认为有辟邪的作用。粽子是端午节的传统食品，粽子的形状和材料都与健康和长寿有关。人们在端午节吃粽子，以表达对健康生活的追求。

（二）饮食与祭祀活动的融合

在除夕夜，人们会准备丰盛的年夜饭，其中许多菜肴都有特定的祭祀用途。如鱼通常被用来祭祖，象征着"年年有余"。清明节有扫墓、祭祖的习俗，人们会准备各种祭品，如清明果（也称青团）、酒、水果等，以表达对祖先的敬意和怀念。腊八节有食用腊八粥的习俗。腊八粥不仅是人们享用的美食，也是祭祀祖先和神灵的重要供品。腊八粥的丰富食材象征着丰收和富足。人们通过供奉腊八粥，祈求祖先和神灵的庇佑。

（三）饮食与地域文化的差异

1. 北方与南方的差异

北方的节日饮食以面食为主。如春节的饺子、立春的春饼等。饺子的形状像古代的金元宝，象征着财富和好运。南方的节日饮食以米饭和糕点为主。如春节的年糕、端午节的粽子、重阳节的重阳糕等。年糕的"糕"与"高"谐音，象征着步步高升。

2. 地方特色

每逢传统节日，各地方为了庆祝节日，也会根据当地的时令菜、特色菜及地方风味制作不同的节日美食。如广东地区过春节有吃盆菜的习俗，盆菜是一种将多种食材一层一层叠放在一起的菜肴，象征着团圆和富足。四川的端午节有吃粽子和饮雄黄酒的习俗，粽子的馅料丰富多样，如咸肉、腊肉、豆沙等，体现了地方特色。

（四）饮食与社交活动的联系

在中国传统节日中，人们往往根据节日制作或购买相应的美食，作为礼物，赠送给亲朋好友。如中秋节的月饼、端午节的粽子等。人们通过赠送节日食品，表达对亲朋好友的关怀与祝福。同时，每逢节日到来之际，人们也会聚在一起，因此，节日饮食也成为社交活动的重要组成部分。如除夕的年夜饭、中秋节的赏月宴等。这些活动不仅促进了家庭成员之间的感情，也加强了人们与邻里、朋友之间的联系。

（五）饮食与健康养生的结合

中国传统节日美食中的食材丰富多样，又具有不同的营养价值，对身体健康有益。如端午节有吃粽子的习俗。粽子的食材如糯米、豆类等富含营养。腊八节的腊八粥食材丰富多样，包括谷物、豆类、干果等，这些食材不仅美味，还具有保健作用。腊八粥被认为可以调理肠胃、增强体质。重阳节有饮菊花酒、佩戴茱萸的习俗。菊花酒和茱萸都具有保健作用，菊花酒可以清热解毒，茱萸可以温养脾胃。

中国传统节日文化与饮食文化的结合，不仅丰富了节日的庆祝活动，还传承了中华民族的优秀传统和美德。人们通过节日饮食表达了对生活的热爱、对家人的关怀以及对美好未来的向往。

四、基于礼仪文化的特点

（一）注重家庭观念与亲情纽带

1. 传统节日以家庭团聚为核心

许多传统节日都强调家庭成员的团聚。如春节是中国最重要的传统节日。春节，人们总会想方设法回到家乡，与家人团聚。这种团聚不仅仅是简单的见面，更是一种情感的交融。全家人会围坐在一起吃年夜饭，这顿饭通常会准备丰盛的菜肴，像北方的饺子、南方的年糕等特色食物。饺子象征着财富和团圆，年糕寓意着年年高升。在吃年夜饭的过程中，家庭成员会交流过去一年的生活经历、分享彼此的喜怒哀乐，加深家庭成员之间的情感联系。

中秋节也是以家庭团聚为主题。人们会在这一天赏月、吃月饼。月饼的形状是圆形的，象征着团圆。一家人坐在院子里或者阳台上，一边欣赏着明亮的圆月，一边品尝着各种口味的月饼，如五仁月饼、莲蓉月饼等。这种场景营造出温馨的家庭氛围，体现了家庭成员之间相互关爱、相互陪伴的亲情。

2. 家族观念的体现

在一些传统节日中，家族意识也会被强化。如清明节是祭祖和扫墓的日子。家族成员会一起前往祖先的墓地，举行扫墓、献花、上香等仪式。在这个过程中，家族的长辈会给晚辈讲述家族的历史、祖先的事迹等。这种活动不仅表达了对祖先的敬仰和怀念之情，还增强了家族成员之间的认同感和归属感，使家族的血脉得以延续。

（二）蕴含深厚的文化内涵与象征意义

1. 自然崇拜与农耕文化的影响

中国传统节日很多都与自然节气和农耕活动紧密相关。如立春是二十四节气之首。在古代，人们会在立春这一天举行迎春仪式。人们会制作春牛，春牛是一种用泥土或者纸张制作的牛的形象。牛在中国古代农耕社会中是非常重要的生产工具。人们通过迎春牛的仪式，表达了对大自然的敬畏和对新的一年农耕丰收的期盼。同时，立春还有"咬春"的习俗，人们会吃春饼、春卷等食物。春饼薄如蝉翼，包裹着各种新鲜的蔬菜，象征着春天的生机勃勃。

端午节也是与自然和农耕文化有关的节日。端午节在农历五月初五，此时正值夏季，蚊虫滋生，疾病容易流行。人们会在这一天挂艾草、菖蒲。艾草和菖蒲都具有特殊的气味，可以驱虫。端午节还有赛龙舟的习俗，从农耕文化角度看，赛龙舟也反映了古代人们对水的重视，因为水是农业灌溉的重要资源。人们通过赛龙舟的活动，祈求风调雨顺，农作物能够苗壮生长。

2. 神话传说与历史故事的传承

许多传统节日背后都有丰富的神话传说和历史故事。中秋节的起源与嫦娥奔月的神话故事有关。相传后羿射下九个太阳后，得到了不死药，嫦娥偷吃了不死药，飞到了月亮上。这个故事在民间广为流传，让中秋节蒙上了浪漫的神话色彩。人们在中秋节赏月时，会联想到嫦娥在月宫中的生活，这种神话传说增添了节日的文化魅力。端午节是为了纪念屈原的说法也是深入人心。屈原是战国时期的楚国诗人，他忧国忧民，因遭受排挤而被流放，最后因楚国灭亡而投江自尽。人们为了纪念他，在端午节这天会包粽子投入江中，防止鱼虾啃食屈原的身体。这种历史故事的传承，让端午节有了爱国主义的文化内涵，人们在过节的同时，也在传承着爱国主义精神。

（三）礼仪形式丰富多样且具有仪式感

1. 祭祀仪式

在传统节日中，祭祀是一种重要的礼仪形式。如春节祭祖，人们会在祖先的灵位前摆放供品，如水果、点心、酒水等，然后按照长幼尊卑的顺序上香、叩拜（或鞠躬）。这种祭祀仪式表达了对祖先的敬意和感恩之情。在祭祀过程中，人们会保持庄重的态度，说话也会比较谨慎，体现了对祖先的尊重。而祭祀仪式往往有严格的时间要求，比如，应该在大年三十的晚上或者正月初一的早上进行，这种时间上的规定也增加了仪式感。

2. 节日服饰与装饰礼仪

传统节日往往有特定的服饰和装饰要求。在春节，人们会穿上新衣服，颜色通常比较鲜艳，如红色。红色在中国文化中象征着吉祥、幸福和繁荣。新衣服代表着新的开始，寓意着新的一年能够有好运。同时，人们还会在家中进行装饰，如贴春联、挂年画。春联是用毛笔书写的对联，内容多是表达对新年的美好祝愿，如"爆竹声中一岁除，春风送暖入屠苏"。年画则有各种吉祥的图案，如胖娃娃、金鱼等，这些装饰让整个家庭充满了节日的喜庆氛围。

3. 社交礼仪

传统节日还有丰富的社交礼仪。如在春节期间，人们会互相拜年。拜年时，晚辈会给长辈磕头或者行鞠躬礼，长辈会给晚辈发红包。红包里面装着压岁钱，压岁钱体现了长辈对晚辈的祝福。在拜年的过程中，人们还会互相问候、交流感情，这种社交礼仪增进了人与人之间的关系，使得整个社会在节日的氛围中更加和谐、融洽。

五、基于民族文化的特点

（一）历史传承与文化脉络的连续性

中国传统节日具有悠久的历史和强大的连续性。这些节日从上古时期逐渐形成并传承至今，反映了中华民族对自然、社会和文化的深刻认知。如春节、清明节、端午节、中秋节等节日，历经数千年依然在现代社会中广泛流传，成为民族文化的重要载体。这种连续性体现了中华文明的持久生命力和文化传承的稳定性。

（二）与时俱进的创新性文化发展

尽管传统节日具有悠久的历史，但它们并非一成不变。在不同的历史时期，传统节日不断吸收新的文化元素，形成了新的庆祝方式和文化内涵。如现代春节不仅保留了传统的贴春联、拜年等习俗，还融入了网络拜年、网络春节晚会等新的文化形式。这种创新性使得传统节日能够适应时代的变化，保持其活力和吸引力。

（三）共同的文化认同

中国传统节日是中华民族共同的文化遗产，具有广泛的认同感和统一性。无论是汉族还是各少数民族，都会庆祝这些传统节日。如春节、端午节等节日，在全国范围内都有类似的庆祝活动，体现了中华民族的共同文化认同。这种统一性不仅增强了民族凝聚力，还促进了不同地区和民族之间的文化交流与融合。

（四）多元文化的融合与包容

中国传统节日体现了极强的包容性，能够吸收和融合多种文化元素。如端午节除了纪念屈原的爱国精神外，还融入了祛病避疫的民间信仰和龙舟竞渡的体育竞技活动。这种包容性使得传统节日能够容纳不同地域、不同民族的文化特色，形成了丰富多彩的节日文化。

（五）和谐、共生的文化理念

中国传统节日强调和谐与共生，体现了中华民族的善良与平和。如中秋节的团圆主题、重阳节的敬老主题等，都反映了中华民族追求和谐、和睦、和平的价值观。这种价值观不仅体现在人与人之间的关系上，还体现在人与自然的和谐相处中。

（六）农业文明的缩影

中国传统节日植根于农业社会，是农业文明的伴生物。节日的日期选择与设定多与节气和农时相关，体现了古人对自然规律的尊重和顺应。如春节标志着新的一年的开始，是农耕周期的起点；清明节则是春耕、春种的重要时节。这种与农业文明紧密相连的特点，使得传统节日成为中华文明的重要组成部分。

（七）民族精神的写照

中国传统节日蕴含着丰富的民族精神，如爱国主义、家庭观念、团结互助等。端午节纪念屈原的爱国情怀，中秋节强调家庭团圆，重阳节倡导尊老、敬老。这些节日习俗传承了中华民族的传统美德，是民族精神的写照。

（八）民族情感的凝结

中国传统节日是民族情感的集中体现，是增强民族文化认同的重要载体。人们通过共同庆祝传统节日，感受民族文化的魅力，增强对民族文化的认同感和归属感。这种情感的凝结不仅有助于维系民族团结，还促进了社会的和谐与稳定。

综上所述，中国传统节日文化不仅是中华民族文化的重要组成部分，更是中华文明连续性、创新性、统一性、包容性的典型例证。

第三节　中国传统节日文化的价值

中国传统节日文化具有多方面的价值，以下从不同的角度进行详细阐述：

一、文化传承价值

（一）历史记忆的载体

中国传统节日是中华民族历史的缩影。如春节的起源可以追溯到古代的岁首祭祀活动。在漫长的岁月中，春节承载着人们对祖先、天地神灵的敬畏以及对过去一年的总结和对新的一年的祈愿。通过一代代人对春节习俗的传承，如贴春联、守岁等，历史的记忆得以延续，让后人能够了解先辈的生活方式和思想观念。中秋节也是如此，它起源于古代的祭月活动。在这一天，人们会赏月、吃月饼，这些习俗背后蕴含着对月亮的崇拜以及对团圆的向往。这种庆祝传统节日的习俗代代相传，使得古代的文化观念和历史故事得以传承，让中华民族的历史记忆不会断裂。

（二）民族文化认同的纽带

传统节日是中国各民族共同的文化财富。在端午节期间，汉族有赛龙舟、包粽子的习俗，而少数民族如苗族、土家族等也有自己独特的庆祝方式，如苗族的龙舟竞渡活动往往结合了本民族的歌舞表演。这些共同的节日庆祝活动，让不同民族的人们在参与节日活动中感受到中华民族文化的共性，增强了民族凝聚力和文化认同感。

传统节日的庆祝方式和习俗在不同地区也有差异，但这种差异反而丰富了文化内涵。如北方的春节有扭秧歌、踩高跷等活动，南方则有舞龙、舞狮表演等。这种多样性体现了中华民族文化的多元一体格局，让每个民族都能在传统节日中找到属于自己的文化归属感。

二、社会价值

（一）促进家庭和谐

许多传统节日都强调家庭团聚。中秋节也称"团圆节"，值此佳节，人们会和家人一起赏月、吃月饼。这种团聚的氛围能够让家庭成员之间加深感情交流，增进亲情。家庭是社会的细胞，家庭和谐、稳定了，整个社会也会更加和谐、稳定。春节更是家庭团聚的高潮。在外工作的子女回到家乡，与父母、兄弟姐妹团聚。在春节期间，一家人一起贴春联、包饺子、守岁，这些活动不仅营造了温馨的家庭氛围，还能让家庭成员之间的关系更加紧密，传承家族的优良传统。

（二）加强社会凝聚力

传统节日的庆祝活动往往具有很强的公共性。在元宵节期间，各地会有灯会、猜灯谜等活动。这些活动吸引了众多市民的参与，人们在共同的欢乐氛围中增进了彼此之间的了解和友谊。社区组织的节日活动也能够拉近邻里之间的距离，促进社区的和谐发展。从更广泛的社会层面来看，传统节日的庆祝活动能够激发人们的爱国情感。

三、教育价值

（一）道德教育的契机

中国传统节日蕴含着丰富的道德教育契机。如清明节是一个重要的祭祀节日，人们通过祭祖、扫墓等活动，表达对先人的怀念和敬仰。这种活动能够培养人们的孝道观念和感恩之心。孩子们在参与清明节活动的过程中，能够学习到尊老、敬老、不忘先辈的美德。重阳节又称"老人节"，在这一天，人们有登高、赏菊、插茱萸等习俗，同时也会开展各种敬老活动。这能让人们更加关注老年人的生活，传承尊老、爱老、助老的传统美德。传统节日为道德教育提供了生动的场景和契机，潜移默化地让道德观念深入人心。

（二）文化教育的平台

中国传统节日是了解中国传统文化的重要窗口。在端午节期间，孩子们可以通过包粽子、制作香囊等活动，了解端午节的起源、传说以及与之相关的民俗文化，锻炼动手制作的能力。学校和家长可以利用传统节日开展文化教育活动，如讲述屈原的故事，让孩子们了解端午节深厚的文化底蕴。

中国传统节日中的诗词、传说等文化元素也是文化教育的良好素材。如中秋节可以欣赏苏轼的《水调歌头·明月几时有》，通过诗词赏析，让孩子们感受传统文化的魅力，提高他们的文学素养。

四、经济价值

（一）带动消费增长

传统节日期间，人们的消费需求会显著增加。春节期间，人们在餐饮、旅游、住宿、交通、娱乐、购物等方面集中消费，成为全年消费的重头戏，带动全年消费和经济增长。商旅文体健深度融合，消费产品多元化特征突显，特别是年俗、国潮、非遗等文创类产品，成为居民春节消费的新热点。元宵节期间，灯会、庙会等民俗活动吸引了大量游客，带动了旅游、餐饮、娱乐等相关产业的发展。商家通过举办各种以元宵节为主题的特色活动，吸引消费者，增加收入。这种节日消费不仅满足了人们的消费需求，也为经济发展注入了活力与动力。

（二）推动文化产业繁荣

传统节日为文化产业的发展提供了丰富的素材。以春节为例，春节联欢晚会已经成为中国文化的一个重要品牌，每年吸引数亿观众观看。同时，与春节相关的影视作品、音乐作品、文学作品等也不断涌现，推动了文化产业的多元化发展。

传统节日的民俗文化也吸引了众多文化创意企业。如一些企业将传统节日的元素融入到现代产品设计中，开发出具有文化特色的文创产品，如带有春节元素的手机壳、带有端午节元素的香囊等。这些文创产品的开发不仅传承了传统文化，还创造了经济效益，推动了文化产业的繁荣发展。

中国传统节日文化是中华民族的瑰宝，它在文化传承、社会和谐、教育以及经济发展等诸多方面都发挥着重要的作用。我们应该重视传统节日文化的保护和传承，让其在现代社会中延续和发展。

第四节　中国传统节日文化的现状与发展

一、中国传统节日文化的现状

（一）传承与弘扬成效显著

传统节日已常态化地融入精神文明建设中，以非物质文化遗产保护为基础，实现文化与产业的共融共促。如各地在清明节、端午节、中秋节等传统节日举办各类文化活动，凝聚邻里乡情，成为弘扬中华优秀传统文化的长期文化工程。

1. 常态化融入精神文明建设

党的十八大以来，各地结合地域特色文化资源，在春节、元宵节、清明节、端午节、中秋节、重阳节等传统节日，举办各类文旅活动，通过场景化体验促进对中华传统节日文化的认知，传承各民族优秀传统文化。如云南"民族村"模式，通过原生态歌舞表演、沉浸式手工艺制作体验等活态展示，让游客在互动中感受中华文化的多元一体格局，增进对各民族文化的理解和尊重。

2. 以非物质文化遗产保护为抓手

丰富的非物质文化遗产包含传统庆典、节日仪式、民俗活动等文化项目。以北京地区为例，截至 2024 年 4 月，已有 13 个项目入选联合国教科文组织"人类非物质文化遗产代表作名录"，有国家级非遗代表性项目 144 个，市级非遗代表性项目 303 个，区级非遗代表性项目 1 057 个。针对濒危非遗项目，北京市文化和旅游局制定了《北京市急需保护非遗项目认定和管理办法》，激发学徒学艺及各方面传承、保护的积极性；对具有生产性质和广泛社会需求的项目实行生产性保护；在传统戏剧传承方面积极推进"戏曲进乡村"，全市各行政村每年至少安排一场戏曲演出。总之，分别开展不同类型的展示和传承活动，如专题展览、视频展映、数字化展览、"非遗进校园"活动等。各地文旅部门组织的"非遗过大年，文化进万家"等活动，推动非遗保护和节日文化传承深度融合，在全社会形成了广泛和深远的影响。

3. 以创造性转化、创新性发展为驱动

传统节日文化在形式和内容上不断创新，以适应现代社会的需求。如 2024 年春节假日期间，陕西省礼泉县袁家村景区启动了"集体过大年"的新春系列活动，用丰富多样的民俗项目迎接新年，以"五味"打造经典民俗节日活动，通过"吃、住、行、赏、玩"等深度体验吸引了八方游客，共接待各类游客 147.8 万人次。此外，文化旅游和文化产业已成为传承节日文化新的增长点。2021 年，文化和旅游部中外文化交流中心、海外中国文化中心、驻外旅游办事处共同主办的"天涯共此时——中秋节"全球统一主题活动，推动传统节日文化的全球化传播。

4. 结合数字乡村建设

伴随 5G 和数字时代的到来，数字基础设施建设成为乡村文化发展、传统节日传承的必要基础。如不少地方发展起了与民俗节日相关的乡村手工艺品电商，以线上文化传播活动"带货"，带动产业业态进一步拓展。一些互联网公司推出"村播""春耕"等计划，支持农村非遗文创产品和民俗类产品线上销售。

5. 与乡村振兴有效结合

传统民俗节日文化是乡村文化振兴可发掘、可利用的重要资源，已成为乡村振兴的带动性要素。如江西省景德镇市浮梁县借助其"世界瓷都之源，中国名茶之乡"的文化底蕴，举办一系列活化传承、推陈出新的民俗节日活动，不仅带领游客体验历史文化风情和优美的生态环境，而且打造了乡村振兴的新业态。

（二）文化内涵有待深入挖掘

部分传统节庆仪式复杂、技巧性高，却无法带来较高的经济收益，年轻人不愿意学习和参与，导致节庆活动渐趋老龄化。一些节日的仪式还存留封建迷信、重男轻女等不良观念，如何去粗存精，做到现代文明风尚与传统民俗的平衡成为一大问题。

1. 部分节日仪式与文化内涵的冲突

一些传统节日的仪式活动在历史演变过程中被附会上"避瘟""避恶"等沉重色彩的故事传说，这些故事传说远远晚于节日诞生，是后世建构出来的。如端午节的起源被附会为"避邪""驱毒"，但其实际起源与古代的龙图腾崇拜和夏季祭祀有关。这种附会的故事与节日原有的文化内涵存在冲突，不利于优秀传统文化的彰显以及传统节日的传承与弘扬。

2. 文化内涵的表面化与形式化

在现代社会，部分传统节日的庆祝活动逐渐走向表面化和形式化。如春节的庆祝活动多集中在吃年夜饭、看春晚、走亲访友等，而对春节背后的文化内涵，如家庭团聚、辞旧迎新、感恩祖先等，缺乏深入的挖掘和理解。这种现象导致人们对传统节日的认知停留在表面，难以真正感受到节日文化的魅力。

3. 文化内涵的异化

随着全球化和现代化进程的加快，传统节日文化在一定程度上出现了异化现象。一些地方为了吸引游客，将传统节日文化过度商业化，导致节日的文化内涵被淡化。如一些地方的春节庙会、中秋灯会等活动，虽然形式多样，但内容空洞，缺乏文化底蕴。

4. 文化内涵的传承与创新不足

传统节日文化内涵的传承需要与时俱进，目前在创新方面存在不足。部分节日的庆祝方式仍然停留在传统的形式上，缺乏与现代社会相适应的创新表达。如端午节的赛龙舟活动虽然有深厚的文化内涵，但在现代社会中，如何将这一活动与现代体育精神相结合，吸引更多年轻人的参与，仍是一个需要解决的问题。

5. 文化内涵的教育与传播不足

传统节日文化内涵的教育与传播在一些地方还存在不足。学校和社会对传统节日文化内涵的教育重视不够，导致年轻人对传统节日的文化内涵了解有限。如一些年轻人只知道端午节要吃粽子，却不知道端午节背后的文化意义。此外，传统节日文化内涵的传播渠道有限，缺乏有效的传播平台和手段，导致其影响力不足。

6. 文化内涵的地域差异与不平衡

不同地区对传统节日文化内涵的挖掘和传承存在差异。一些经济发达的地区和文化资源丰富的地区对传统节日文化内涵的挖掘和传承较为重视，活动形式多样，文化内涵丰富。而一些经济欠发达的地区和文化资源相对匮乏的地区，对传统节日文化内涵的挖掘和传承则相对滞后。这种地域差异导致传统节日文化在全国范围内的传承与发展不平衡。

（三）文化传播与影响力有限

许多特色民俗的教学、宣讲、交流等活动，投入颇多，传播力、影响力却十分有限。传统民俗节日的表达和呈现如何进一步吸引年轻人，得到他们的关注、参与、认可，推动民俗节日文化真正"活"起来，还需要进一步破解。同时，中国传统节日文化的传播与影响力在当前全球化背景下仍面临着诸多挑战。

1. 文化传播形式的局限性

当前传统节日的传播内容多集中在表面的仪式和习俗，如春节的舞龙舞狮、端午的吃粽子等，缺乏对节日背后深刻文化内涵的挖掘。如许多关于春节的报道多集中在"春运""春晚"等宏观层面，而对于春节所蕴含的家庭团聚、辞旧迎新等文化价值的深度解读较少。

2. 国际传播的不足

中国传统节日在国际传播中面临"文化折扣"现象，即外国受众对中国传统节日文化的理解多停留在表面，难以深入理解其背后的文化内涵。如许多外国人对春节的认知仅限于舞龙、舞狮等视觉符号，而对于春节所蕴含的家庭伦理和文化价值观了解有限。

中国传统节日文化的国际传播渠道相对有限，主要依赖于政府和文化机构的官方推广，缺乏民间和市场的广泛参与。如"欢乐春节"等活动虽然在国际上有一定的影响力，但其传播范围和深度仍需进一步拓展。

3. 文化内涵的挖掘不足

传统节日文化的研究成果多停留在学术层面，缺乏通俗易懂的大众化传播。如许多关于传统节日文化的研究成果虽然具有较高的学术价值，但在面向大众传播时，往往难以被普通民众理解和接受。

传统节日文化中蕴含着丰富的现代价值，如家国情怀、和谐共生等，但在传播过程中，这些现代价值尚未得到充分挖掘和展现。如清明节的祭祖活动不仅是一种传统的祭祀仪式，更是一种传承家族文化和弘扬家国情怀的重要方式，但在传播中，其现代价值尚未得到充分挖掘。

4. 文化传承的断层

随着现代化和全球化的发展，年轻的一代对传统节日文化的兴趣和参与度逐渐降低。如一些传统节日的习俗和仪式逐渐被年轻人忽视，导致传统节日文化的传承出现断层。

传统节日文化在教育体系中的融入不足，缺乏系统的文化教育和实践活动。如学校和家庭对传统节日文化的教育重视不够，导致年轻一代对传统节日文化的认知和理解有限。

（四）文化治理功能有待进一步凸显

传统节日文化的传承与弘扬面临乡村空巢化、留守化等难题。许多年轻人外出务工，导致乡村缺乏足够的劳动力和文化传承者，传统节日活动的组织和参与程度受到影响。这种现象使得传统节日文化在乡村的传承面临断层风险，难以形成持续的文化治理效能。

一些乡村在组织传统节日活动时，缺乏有效的组织能力和统筹规划能力，导致活动形式单一、内容空洞，难以达到预期的文化治理效果。如部分地区虽然有举办传统节日活动的意愿，但由于缺乏组织力，活动往往流于形式，难以真正凝聚村民，缺乏乡村凝聚力。

部分传统节日的仪式和活动形式与现代生活节奏不匹配，导致年轻人参与度低。如一些复杂的传统仪式逐渐被简化或遗忘，难以在现代社会中延续。这种脱节现象使得传统节日文化在现代社会中的影响力和吸引力大打折扣，难以发挥其应有的文化治理功能。

传统节日文化的治理功能需要多部门协同推进，目前在实践中存在协同不足的问题。如文化、教育、旅游等部门在传统节日文化的传承与弘扬中各自为政，缺乏有效的联动机制，难以形成合力。这种协同不足导致资源分散，难以形成系统化的文化治理模式。

中国传统节日文化的治理功能在当前的传承与弘扬过程中，虽然取得了一定的成效，但仍面临诸多挑战。通过强化政府引领、提升基层组织能力、创新文化治理形式、增强文化治理的系统性和协同性等措施，可以进一步凸显传统节日文化的治理功能，推动其在现代社会中的持续发展。

二、中国传统节日文化的传承与发展

（一）创新形式与内容

中国传统节日文化以创造性转化、创新性发展为驱动，创新节日形式。文化旅游和文化产业已成为传承传统节日文化新的增长点，文创、文旅、手工艺品等新的经济形式成为传承传统民俗节日的重要推手。

1. 文化内涵的深度挖掘与现代价值的阐释

传统节日文化在传承过程中，不仅要保留其原有的文化内涵，还要结合现代社会的需求，挖掘其新的价值和意义。如七夕节从传统的祭祀牛郎织女的节日，逐渐转化为具有现代浪漫色彩的"中国情人节"，这种转变既保留了传统节日的文化底蕴，又赋予了其新的时代内涵。

2. 节日形式的创新与多样化

随着时代的发展，传统节日的形式也在不断创新。如春节期间，除了传统的贴春联、放鞭炮、拜年等习俗外，还出现了微信拜年、线上春晚、云旅游等新的庆祝方式。这些创新形式不仅丰富了节日的庆祝方式，也使传统节日更贴近现代人的生活节奏与方式，增强了节日的吸引力和参与度。

3. 科技与文化的深度融合

科技的发展为传统节日文化的创新提供了新的手段和平台。通过数字技术、虚拟现实等手段，传统节日文化得以以全新的形式呈现。如利用三维仿真技术和虚拟现实技术对文化遗产进行可视化建模和立体化再现，使人们能够沉浸地体验传统节日的场景和文化。此外，互联网和数字技术也推动了传统节日文化的传播，如通过短视频、互动游戏等形式，让更多的人了解和参与传统节日。

4. 文化与产业的结合

传统节日文化的传承与发展也与文化产业的繁荣密切相关。通过开发与传统节日相关的文创产品、旅游项目等，不仅为传统节日注入了新的活力，也促进了文化产业的发展。如打造融合传统节日、法定节日、地方节日于一体的文旅产业链，开发传统节日文化标识与文创产品，推动传统节日文化的市场化和产业化。

5. 社会参与的广泛性

传统节日文化的传承和发展需要全社会的共同参与。各地通过举办各种节日活动、文化讲座、社区互动活动等形式，增强公众对传统节日文化的认同感和参与感。如重阳节期间，社区组织志愿者走进养老院，开展敬老活动，不仅传承了尊老、敬老的传统美德，也强化了节日的社会意义。

6. 国际传播与文化交流

传统节日文化的传承与发展还体现在其国际传播和文化交流上。中国文化和旅游部通过与国外节日的交流、互鉴，推动中国传统节日文化的国际化传播。如在全球范围内广泛传播"春节联欢晚会"，不仅让更多的外国人了解中国传统文化，也促进了中外文化的交流与融合。

7. 政策支持与文化自觉

国家政策的支持是传统节日文化传承与发展的重要保障。2017年发布的《关于实施中华优秀传统文化传承发展工程的意见》明确提出要推动中华优秀传统文化的创造性转化和创新性发展。这种政策支持不仅为传统节日文化的传承提供了有力的保障，也激发了社会对传统节日文化的自觉传承意识。

通过以上这些方式，中国传统节日文化在传承中不断创新和发展，既保留了其深厚的文化底蕴，又适应了现代社会的需求，展现出强大的生命力和时代价值。

（二）数字化与科技赋能

伴随 5G 和数字时代的到来，数字基础设施建设成为乡村文化发展、传统节日传承的必要基础。数字网络触角的延伸，使得传统民俗节日传承得以享受发展的红利。如不少地方发展起了与民俗节日相关的乡村手工艺品电商，通过线上直播"带货"，带动产业业态进一步拓展。

1. 数字化保护与再现

通过数字化技术，对传统节日文化进行保护和再现，使其能够以全新的形式呈现给现代观众。

（1）文化遗产数字化：运用高精度扫描、三维建模等技术，对文化遗产进行数字化保护和再现。如故宫博物院通过增强现实（AR）技术重现宫廷年俗，让游客"穿越"至清代春节。这种技术不仅完整地留存了文化本体，还通过语义标注和知识图谱的构建，赋予文物新的生命力。

（2）文物数字化：故宫"数字文物医院"已建成涵盖 186 万件/套藏品的数字资源库，通过"分子级"数字化技术，使文物成为可计算、可关联的文明数据单元。

2. 创新展示与互动体验

利用虚拟现实（VR）、AR 等技术，创新传统节日文化的展示方式，增强观众的互动体验。

（1）沉浸式体验：通过 VR 和 AR 技术，观众可以沉浸式地体验传统节日场景。如三星堆遗址通过混合现实（MR）技术复原古蜀祭祀场景，让观众深入理解和感受传统文化的魅力。

（2）智能机器人与演艺秀：在一些景区和文化场馆引入智能机器人、民族机甲，演绎民俗活动，为观众带来全新的文化体验。

3. 数字化传播与教育

借助互联网和数字平台，推动中国传统节日文化的传播和教育，使其能够更广泛地触及现代观众。

（1）数字平台与社交媒体：通过短视频、直播等形式，让更多的人了解和参与传统节日。如非遗代表性传承人借助各种短视频平台的帮助展示传统技艺，让更多的人了解到苏绣、紫砂壶制作等传统技艺的精妙。

（2）智慧教育：利用 VR 技术和数字书法教室等工具，帮助学生跨越地域限制，提升审美素养。

4. 智能技术与节日习俗

利用人工智能、大数据等技术，创新传统节日习俗的表现形式和满足方式。

（1）人工智能（AI）生成与推荐：在春节期间，AI 技术可以生成春联、推荐年夜饭菜单，提升节日的互动性和趣味性。

（2）智能监控与安全保障：在传统节日活动中，利用云监控系统确保活动安全进行。

5. 文化与科技的深度融合

通过"互联网＋"等模式，推动文化与科技的深度融合，实现传统节日文化的创造性转化和创新性发展。

（1）"互联网＋"文化业态：利用互联网推动传统节日文化的数字化转型，创新节日内容的表现形式和传播方式。

（2）数字叙事体系：通过跨媒介叙事矩阵，突破传统的"展柜＋解说"模式，构建起更具吸引力和感染力的文化表达范式。

6. 全民参与与创新生态

通过开放式创作平台和数字技术，鼓励全民参与传统节日文化的传承和创新。

（1）数字生产资料：提供文物 3D 模型、传统纹样数据库等数字生产资料，让每一位网民都有成为文化再创造、产品再创新的"数字工匠"的机会。

（2）参与式内容生成：通过互联网用户参与式内容生成模式，将文化传承从专家参与系统拓展为全民参与的数字公共领域。

通过这些数字化与科技赋能不仅丰富了传统节日文化的呈现形式，还扩大了其传播力和影响力。

（三）与乡村振兴相结合

中国传统节日文化是乡村文化振兴可发掘、可利用的重要资源，已成为乡村振兴的带动性要素，如举办一系列活化传承、推陈出新的民俗节日活动，不仅带领游客体验历史文化风情和优美的生态环境，促进了乡村文化的繁荣，也打造了乡村振兴新业态，为乡村经济和社会发展注入了新的活力。

1. 加强顶层设计，实施传统节日振兴工程

中国传统节日是乡村文化的重要组成部分，其传承和发展需要从顶层设计入手。通过实施传统节日振兴工程，丰富传统节日的内涵和形式，使其更符合现代生活需求。如继续推动春节、元宵节、端午节等传统节日的现代化转型，深度挖掘其文化意蕴，并结合现代节日习俗和形式进行创新。

2. 挖掘传统节日的文旅价值，促进文旅融合

中国传统节日蕴含着丰富的文化内涵和旅游资源，通过挖掘这些价值，可以有效促进乡村文旅融合。如结合地方传统节日，设计推出特色文旅产品和旅游线路，吸引游客参与传统节日活动，体验乡村文化。

3. 发展特色"土特产"产业，推动乡村经济发展

中国传统节日中的饮食、手工艺品等"土特产"具有独特的地域文化价值。通过发展这些特色产业，可以实现规模化经营和产业化发展。如甘肃省庆阳利用端午节的香包文化，发展香包产业，带动了当地经济发展和村民增收。此外，还可以通过新媒体平台宣传"土特产"背后的文化故事，拓宽销售渠道。

4. 建设乡村传统节日博物馆，留住文化记忆

乡村传统节日博物馆可以将传统节日文化以具象化的形式呈现出来，留住乡村民众的节日记忆。博物馆通过展示传统节日的实物、故事和表演，提高村民对乡村文化保护与传承的自觉性。如鼓励村民参与乡村传统节日博物馆建设，提供有纪念意义的实物、故事音频、节日故事情景剧表演，将静态展示与活态展演相结合。

5. 培养传统节日传承人，强化文化传承

传统节日的传承离不开专业人才。通过培养非物质文化遗产传承人，可以确保传统节日文化的延续与发展。如借助中国非物质文化遗产传承人研修培训计划，培养更多传统节日传承人，提升他们的技能和艺能。同时，通过学校教育和社会活动，营造良好的传统节日传承氛围，吸引更多的年轻人参与传统节日的保护和创新。

6. 结合现代科技手段，创新传统节日表现形式

利用现代科技手段，如 VR、AR 技术等，创新传统节日的表现形式，使其更具吸引力和感染力。如通过数字技术再现传统节日场景，让游客沉浸式体验节日文化。

7. 弘扬传统节日精神内涵，促进乡村文化振兴

传统节日蕴含着尊老爱幼、和睦友善等精神内涵，这些精神内涵是乡村文化振兴的重要支撑。通过传承和弘扬这些精神内涵，可以改善村民精神风貌，培育文明乡风、良好家风和淳朴民风。

通过以上方式，中国传统节日文化在乡村振兴中实现了创造性转化和创新性发展，不仅丰富了乡村文化生活，也为乡村经济和社会发展提供了新的动力和机遇。

（四）教育与传承

加大中国传统节日文化在教育中的比重，通过"非遗进校园"等活动，推动非遗保护和传统节日文化传承深度融合，在全社会形成广泛的影响，增强青少年对传统文化的认同感，也为传统节日文化的延续注入新的活力。

1. 学校教育体系的融入

教育部印发《中华优秀传统文化进中小学课程教材指南》，明确将中华优秀传统文化纳入中小学课程体系，以语文、道德与法治、历史三科为主，艺术、体育与健康等学科有重点地纳入，其他学科有机渗透，形成"3＋2＋

N"全科覆盖。通过校本课程、主题活动等形式，将传统节日文化融入日常教学中。如在传统节日期间，学校可以组织学生开展与节日相关的主题活动，如春节写春联、端午节包粽子等，让学生在实践中感受传统文化的魅力。

2. 家庭与学校的合作

家庭是传统节日文化传承的重要场所。通过家园合作，可以打造浓厚的传统节日文化氛围。如重阳节，家长可以陪伴孩子制作贺卡、为长辈做力所能及的事情；学校可以组织并举办敬老、尊老晚会，增强学生对传统节日的认知和文化认同感。

3. 社会实践活动的开展

学校可以与社区、文化机构等社会力量合作，共同举办传统节日文化活动，让学生更广泛地接触和了解传统文化。如组织学生参观民俗博物馆、文化遗址，或参与社区举办的节日活动，增强学生对传统文化的直观感受。此外，各地通过经典诵读、节日民俗、文化娱乐和体育健身等多种形式，不断赋予中华民族传统节日以新的生命力和感召力。

4. 多媒体与现代技术的应用

利用多媒体技术，如视频、动画等，将传统节日文化以生动、形象的方式呈现给学生。如在端午节期间，教师可以在教室内张贴与节日相关的图片，播放屈原的故事音频，组织学生进行与节日相关的诗词朗诵比赛等，使节日文化教育内容和形式更加丰富。

5. 传统文化进校园活动

通过组织文艺院团、非遗传承人走进校园，为学生上演传统戏曲、教授传统技艺等，让学生近距离感受传统文化。如福建省福州市开展"传统节日非遗文化进校园"活动，组织非遗传承人走进中小学课堂，开设花灯制作、软木画制作等传统技艺教学第二课堂。

6. 节日主题活动的常态化

各地通过举办庙会、灯会、赛龙舟等活动，增强传统节日的仪式感和吸引力。这些活动不仅丰富了群众的文化生活，也为青少年提供了了解和参与传统节日的机会。

7. 教育政策的支持

中宣部印发通知，对开展传统节日文化活动作出安排与部署，要求各地各相关部门深入推进传统节日振兴，传承与发展中华优秀传统文化，围绕春节、元宵节、清明节、端午节、七夕节、中秋节、重阳节等传统节日，组织开展相关主题活动，丰富人民群众精神文化生活，厚植家国情怀，增强文化自信，营造浓厚的节日氛围。

中国传统节日文化通过以上多种方式实现了在教育领域的传承与发展，不仅丰富了青少年的文化生活，也为传统文化的延续提供了坚实的基础。

第三章　中国主要传统节日之春节

第一节　节日起源与传说

春节是中国最重要的传统节日，时间是每年的农历正月初一。春节象征着辞旧迎新、团圆和希望，春节也是对过去一年的总结和对新一年的美好祝愿，人们通过各种习俗来表达对生活的热爱和对未来的期盼。

"年"是春节的核心概念，它来源于古代的岁首祭祀活动。古代以农业生产为主，岁首是新的一年开始的标志，人们会在这一天祭祀神灵和祖先，祈求丰收和平安。随着时间的推移，这些祭祀活动逐渐演变为丰富多彩的春节习俗。

春节习俗非常丰富，主要有贴春联、放鞭炮、拜年、吃年夜饭等。贴春联是为了祈求新的一年平安、吉祥；放鞭炮是为了迎接新年的到来；拜年是人们互相祝福、增进感情的方式；年夜饭则是家人团聚的重要时刻，象征着团圆和幸福。

一、春节的起源及演变过程

(一) 起源

有关春节的起源有多种说法，以下是几种比较常见的说法：

1. 虞舜即位说

虞舜时期，舜即天子位，带领部下祭拜天地。人们把这一天当作岁首，这就是农历新年的由来，后来称为"春节"。

2. 年兽传说

古时候，有一种叫"年"的怪兽，每到除夕夜就会出来伤害人畜。人们发现"年"怕红色、火光和炸响，于是，就在家门口贴红对联、挂红灯笼、燃放爆竹来驱赶它。这些习俗逐渐演变成春节的庆祝活动。

3. 农耕祭祀说

春节起源于古代的农耕社会，最早的春节与祭祀活动密切相关。古人为了祈求丰收，在冬季结束时举行祭天、祭祖的仪式。这种祭祀活动起源于早期人类的原始信仰与自然崇拜，由上古时期岁首祭祀活动演变而来。

4. 万年创历说

相传，很久以前，有个叫万年的青年，他看到节令很混乱，给人们的生活和劳作带来诸多不便，就通过观察树影和滴泉来测定时间，创制了万年历的历法。据说春节就是由万年创制的万年历而来。

这些说法各有特色，但都体现了春节深厚的文化底蕴和丰富的历史内涵。

（二）历史演变过程

春节的历史演变过程可以分为以下几个阶段：

1. 上古时期：祭祀起源阶段

春节的起源与古代的祭祀活动密切相关。上古时期，人们在岁末年初举行祭祀活动，祭祀天地山川、宗庙社稷，祈求丰收和平安。这些祭祀活动通常由天子主持，是部落集团或国家礼制的重要组成部分。如《礼记》中记载的年终大祭，包括"大饮烝"和"大蜡之祭"两种，分别祭祀日月星辰、公共社神等。

2. 先秦时期：习俗萌芽阶段

先秦时期，称为上日、元日、改岁、献岁等，春节习俗逐渐萌芽。那时的庆祝活动主要是在一年农事活动结束后，人们为了报答神灵的恩赐而举行的"腊祭"（祭先祖）、"蜡（zhà）祭"（祭百神）活动。人们通过祭祀、傩祭等活动来祈求丰收、驱邪避灾。如腊月的傩祭活动，通过举行驱傩仪式来驱逐疫病，祈求平安。此外，先秦时期已经有了过年的饮食习俗，如《诗经·豳风·七月》中记载的"八月剥枣，十月获稻，为此春酒，以介眉寿"，表明人们会在春节期间饮酒庆祝，祈求长寿。

3. 秦汉时期：习俗定型阶段

秦汉时期，春节习俗逐渐定型。两汉时期，春节叫三朝、岁旦、元旦、正旦、正日等。春节的各种名称中"元旦"使用得最普遍，时间也最长。"元"的本意是"头"，后引申为"开始"。《说文解字》中对"旦"的解释为："从日见一上，一，地也。"表示太阳刚刚从地平线上升起，意为早晨。因为它是一年中的第一个早晨，正月的第一个早晨，所以称为"元旦"或"正旦"。当时，春节的具体日期不固定，夏朝定在正月初一，商朝改成了十二月初一，周朝又改为十一月初一，到了秦朝又把新年提前到了十月初一。汉武帝太初元年（前 104 年），开始使用太初历，恢复了夏历（即农历），明确规定正月初一为岁首，并把二十四节气定入历法。从此，"正月为岁首"的习俗意识沿用至今。朝廷会在春节期间举行朝会，皇帝接受百官的祝贺，这一仪式体现了封建王朝对春节的重视。民间则开始流行贴门神、挂桃符等习俗。

4. 魏晋南北朝时期：习俗发展与丰富阶段

魏晋南北朝时期，称为元辰、元日、元首、岁朝等，春节的庆祝活动更加丰富，开始有了除夕守岁的习俗。岁首朝贺仍是朝廷大典，民间则有燃放爆竹、拜贺尊长等习俗。如正月初一，人们鸡鸣而起，燃放爆竹以驱赶"山臊恶鬼"，然后穿戴整齐，依次拜贺尊长。晋朝周处在《风土记》中记载：除夕之夜，各相与赠送，称"馈岁"；酒食相邀，称"别岁"；长幼聚饮，祝颂完备，称"分岁"；大家终夜不眠，以待天明，称"守岁"。这些习俗一直沿袭至今。

5. 唐宋时期：节日法定化与习俗多样化阶段

唐宋时期，称为元旦、元、岁日、新正、新元等。唐代开始，春节享有官府法定假日，给百姓放假七日。春节的庆祝活动更加多样化，如拜年帖的出现、贴春联、挂年画等习俗逐渐流行。宋代，人们在过年时开始吃饺子，那时称饺子为"角子"，并且人们已经开始用纸包火药做成爆竹，除夕、春节放爆竹的习俗逐渐盛行起来。《东京梦华录》中记载："是夜禁中爆竹山呼，声闻于外。"

6. 明清时期：名称变化与习俗传承阶段

明清时期，春节的名称逐渐从"岁首""元日"等变为"春节"。明清时期，春节的习俗更注重礼仪和应酬，人们会相互拜谒，上层社会流行互送名帖或者登门叩拜；平民百姓讲究互赠礼品，相互拜年。清代宫廷过年十分奢华，有授茶仪式、歌舞表演等活动。民间则继续保留丰富的习俗，如贴春联、吃年夜饭、放鞭炮、拜年等，同时舞龙、舞狮、演戏、说书、踩高跷等娱乐活动开始出现。

7. 近现代：确立时间与现代化阶段

1914 年，农历正月初一被定为"春节"，阳历年首被定为"元旦"。1949 年，中国人民政治协商会议通过了使用"公历纪年法"，将公历的 1 月 1 日定为"元旦"，将农历正月初一定为"春节"，并规定了春节假期。这一时期，春节保留了丰富的民间习俗，同时增加了新的内容，如春节联欢晚会、旅游等，使春节更具现代气息。

春节的历史演变过程体现了从古代祭祀活动到现代法定节日的转变，其习俗也在不断丰富和发展。

二、有关春节的传说与典故

（一）传说："年"的传说

很久以前，有一个小村庄，村民们过着平静的生活。可是，每到冬天最冷的时候，就会有一个叫"年"的怪兽从海里爬上岸。它长得又高又大，眼睛像灯笼一样，嘴巴里还露出锋利的牙齿。它一来，就会把村子弄得乱七八糟，把房子撞坏，把牲口都吓跑，村民们都非常害怕。

有一天，"年"又来了。村民们像往常一样，吓得躲进山洞里，不敢出来。就在大家躲起来的时候，来了一个白胡子的老人。他穿着破旧的衣服，背着一个大包袱，看起来很可怜。村民们忙着躲避"年"，也没人理他。

老人走到村口，看到村民们都在慌慌张张地跑，就大声喊道："别怕，我有办法对付'年'!"可是，村民们谁也不信他，纷纷摇头，说："你快走吧！我们得赶快躲起来。"

老人叹了口气，说："好吧！那我就留在这里，看看能不能把'年'赶走。"村民们都没理他，都躲进了山洞里。

等大家都走了，老人开始忙活起来。他从包袱里拿出很多红纸，把村子的大门、窗户都贴上红纸。他又拿出一些竹筒。等到天黑了，"年"慢慢地从海里爬上岸。它看到村子里一片红彤彤的，眼睛都瞪圆了，不敢往前走。老人看到"年"停住了，就点燃了竹筒，"噼里啪啦"的声音响了起来。"年"吓得直哆嗦，转身就跑回去了。

第二天，村民们从山洞里走出来，看到村子好好的，一点儿也没被破坏。他们都很奇怪，就问老人是怎么回事。

老人笑着说："'年'最怕红色和响声了，我就是用这个办法把它赶走的。"村民们听了，都恍然大悟，原来这么简单就能对付"年"。

从那以后，每到冬天，村民们就提前贴红纸、挂红灯笼、燃放爆竹。慢慢地，这个日子就变成了过年。每到过年的时候，大家都会想起那个聪明的老人，是他帮助大家赶走了"年"，让村子又恢复了平静。

(二) 传说：桃符与春联

很久以前，在东海有一座美丽的度朔山，也叫桃都山。山上有一棵巨大的桃树，这棵桃树的枝干盘曲三千里，树顶上还有一只金鸡。每天太阳升起时，金鸡就会啼叫。

在这棵大桃树下，住着一对兄弟，哥哥叫神荼，弟弟叫郁垒。他们两个都非常厉害，专门负责捉拿那些害人的恶鬼。如果有恶鬼在夜间作祟，伤害百姓，神荼和郁垒就会立刻捉住它们，用芒苇做的绳子把它们捆起来，扔到山里，让老虎吃掉。

后来，神荼和郁垒去世后，变成了专门惩治恶鬼的神仙。人们为了纪念他们，也为了驱鬼避邪，就在过年的时候，用桃木板做成两块牌子，上面分别写上"神荼"和"郁垒"的名字，或者画上他们的画像，挂在大门的两边。这种桃木板就叫"桃符"。

随着时间的推移，人们觉得光写名字或画出画像还不够，就开始在桃符上写一些吉祥的话语，慢慢的，就发展成了对仗工整的对联，这就是春联的前身。所以，春联其实是从桃符演变而来的，而桃符的起源又和神荼、郁垒兄弟抓鬼的故事有关。

（三）传说：万年历法的传说

在商朝的时候，有个聪明的青年叫万年。他看到当时节令很混乱，农民们不知道什么时候播种、收割，生活很不方便，于是就想把节令确定下来。

有一天，万年上山砍柴，砍累了，就坐在树荫下休息。他发现地上的树影会随着太阳的移动而改变方向，这一现象启发了他。他想：要是能用树影的变化来测量时间，不就能更好地掌握节令了吗？于是，他回家后设计了一个测日影计天时的日晷仪，用来测定一天的时间。

可是，一遇到阴天或者下雨天，日晷仪就没法用了。万年很苦恼。直到有一天，他在山崖边看到泉水一滴一滴很有节奏地滴下来，这又给了他灵感。他想：要是能用滴水来计时，不就解决这个问题了吗？于是，他动手做了一个五层漏壶，通过漏水的速度来计算时间。

经过长期的观察和计算，万年发现每隔三百六十多天，四季就会轮回一次，天时的长短也会重复一遍。他觉得只要搞清楚日月运行的规律，就能把节令确定下来。

当时的国君叫祖乙，他也为天气、风云的变化莫测感到很苦恼。万年知道后，就带着日晷和漏壶去见祖乙，把日月运行的道理讲给他听。祖乙听后非常高兴，觉得很有道理，就让万年留下，并修建日月阁，筑起日晷台和漏壶亭，还派了十二个童子服侍他，希望他能测准日月变化的规律，创建出准确的历法，为天下的黎民百姓造福。

万年在日月阁里专心研究，经过不断的努力，他终于成功了。当他把研究的结果告诉祖乙时，祖乙非常高兴，说："春为岁首，就叫春节吧！"从此，人们就有了准确的历法来指导生活和生产了。

为了纪念万年的功绩，祖乙就把这部历法命名为"万年历"，还封他为"日月寿星"。人们在过年时挂上寿星图，据说就是为了纪念德高望重的万年。

（四）典故：倒贴"福"字

相传，有一次，朱元璋微服私访，看到一户人家贴了一张年画，画中是一个光脚女子抱着一个西瓜。朱元璋觉得这幅画是在讽刺他的皇后马秀英，因为马皇后是淮西人，脚比较大。于是，朱元璋心生怒气，决定报复。他命令手下在那些贴了这幅画的人家门上做一个标记，准备第二天派人去抓人。他选择的标记就是"福"字。

马皇后得知此事后，觉得朱元璋的做法有些过分，担心会牵连无辜。于是，她想出了一个办法，让全城的百姓在天亮之前都在自家门上贴上"福"字。这样一来，第二天，朱元璋派人去查看时，发现家家户户都贴了"福"字，就无法分辨哪些是被标记过的人家了。

然而，在贴"福"字的过程中，有一户人家因为不识字，把"福"字贴倒了。朱元璋看到后非常生气，下令要把这家人满门抄斩。马皇后见状，急中生智，对朱元璋说："这家人是故意把'福'字贴倒的，意思是'福到了'，这是吉祥的寓意呀！"朱元璋一听，觉得有道理，于是放过了这家人。

从此，人们为了纪念马皇后的智慧和善良，也为了祈求吉祥，便开始倒贴"福"字，寓意"福到了"，这个习俗也一直延续至今。

第二节　节日文化内涵

春节是中国最重要的传统节日，它承载着中华民族深厚的文化内涵和悠久的历史传统。春节文化具有丰富多样的特点，这些特点不仅体现在节日的庆祝方式上，还体现在其背后所蕴含的价值观念、社会功能以及文化传承等多个方面。春节蕴含着丰富的文化内涵，其中"团圆""祈福""辞旧迎新"三大核心主题，共同构成了春节节日文化的精神内核。

一、团圆

团圆是春节重要的文化内涵之一，是家庭伦理与情感联结的终极表达。春节的"团圆"本质是中华文化中"家和万事兴"理念的集中体现，强调家族成员的情感聚合与伦理共同体的维系。这种团圆的观念不仅体现在家庭内部，还体现在家族和社会层面。春节期间，人们会走亲访友，互相拜年，增进彼此之间的感情。团圆的观念体现了中华民族重视家庭、重视亲情的价值观。在现代社会，尽管人们的生活节奏加快，但春节的团圆观念依然深入人心。无论是在城市还是在农村，春节期间的汽车站、火车站、飞机场总是人山人海，人们为了能够与家人团聚，不惜长途跋涉回到家乡。

（一）物理团聚的仪式

1. 年夜饭与守岁

除夕夜的"年夜饭"又叫"团圆饭"，是核心仪式，北方吃饺子（象征元宝、团圆），南方食年糕（寓意步步高）、鱼（代表年年有余），菜肴讲究"全"（如整鸡、整鱼），象征家庭完整。全家人围炉而坐，通宵守夜（即"守岁"），既为辞旧迎新，也为守护彼此的平安。

2. 归乡传统

春节之前，人们无论身处何地都会想尽办法回到家乡与家人团聚，这种强烈的归乡情感强化了血缘关系，传承着家族的记忆，实现"人伦和谐"的文化追求。"有钱没钱，回家过年。"无论距离远近，游子皆需返乡，这也体现了中国传统文化中"根"的意识。"春运"虽然艰难（如飞机票价格昂贵、火车票一票难求、高速路拥堵等），但回家过年的信念和决心不可动摇。

（二）情感与伦理的强化

1. 拜年礼仪

大年初一，长辈坐定，晚辈行跪拜礼（现代多为鞠躬礼），长辈赐晚辈"压岁钱"（最初为镇压"祟"妖的铜钱，后演变为祝福），体现了家庭长幼有序、孝亲敬祖的伦理关系。

2. 家族共融

除核心小家庭外，春节还包括走亲访友，同姓宗族可能举办祭祖大典，强化"同根同源"的文化认同。

团圆不仅是空间的聚集，更是文化心理的归属。它将个体融入家族血脉亲情，赋予"家"以超越物理空间的精神象征，成为中国人对抗漂泊感的文化锚点。

二、祈福

祈福也是春节的重要文化内涵之一，是人与天地的精神对话。春节的祈福本质是先民对自然、祖先的敬畏与感恩，通过仪式沟通天地，祈求"天人合一"的和谐，核心是"趋吉避凶""纳福迎祥"，人们会通过各种方式祈求神灵的保佑，希望新的一年能够平安、顺利、幸福。这种信仰体系融合了儒家的敬祖、道家的自然观与民间俗信，形成了独特的祈福文化。

（一）敬天法祖的祭祀

1. 祭天地

北方腊月二十三、南方腊月二十四有"祭灶"的说法，即送灶神上天言好事。除夕有"接神"的仪式，即迎诸神归位。这些都体现了人们对自然秩序的尊崇，祈愿风调雨顺、事事如意。

2. 祭祖灵

有些人的家中会设"祖先牌位"或悬挂"家谱图"，在除夕年夜饭的同时，给祖先或先人摆上酒菜，行"三拜九叩"礼（或鞠躬礼），既为缅怀先人，也求祖先庇佑后代平安，体现了中华民族重视祖先崇拜的文化传统。

（二）符号化的祈福行为

1. 贴春联与"福"字

贴春联起源于周代挂桃符辟邪，后发展为写吉祥诗句的红纸对联；

"福"字倒贴，谐音"福到了"；贴年画，如灶王、财神、福禄寿三星，皆为视觉化的祈福符号。春联是中国传统文化中一种独特的文学形式，它以对仗工整、寓意吉祥的诗句来表达人们对新年的美好祝愿。

2. 燃放爆竹与烟花

最初，人们燃烧竹子，用来驱邪，"爆竹"因此得名。宋代后，随着火药的发明，演变为燃放鞭炮，其声响被赋予"除旧布新"的象征意义，烟花则增添了喜庆的氛围，寓意"光明普照"。

（三）生活祈福的细节

1. 禁忌与彩头

春节期间，民间有很多的禁忌和彩头，体现了祈福的理念，如初一不扫地，怕扫走福气；过年期间不吵架，为了求得全年的家庭和睦；吃汤圆，寓意家人团团圆圆；包饺子时，将硬币或花生等包在里面，谁吃到这样的饺子，意味着获得财运等。人们将祈福融入日常生活的细节。

2. 逛庙会与许愿

春节期间，各地都会举办不同主题或形式的庙会，人们会向观音、关帝等神灵许愿，或参与"摸鼎""打铜钱眼""系红绳"等仪式，表达对健康、财富、婚姻、事业的期盼。

祈福是中国人"天人互动"的智慧体现，既承认自然与祖先的力量，也通过这种仪式表达人的主体性，形成"敬畏而不盲从，积极而不蛮干"的文化心态。

三、辞旧迎新

辞旧迎新是春节的另一个重要的文化内涵，是时间循环与生命更新的哲学隐喻。春节标志着旧的一年结束和新的一年开始，蕴含着"革故鼎新""生生不息"的文化精神。人们通过各种方式来辞旧迎新。贴春联和放鞭炮则是为了迎接新年的到来。辞旧迎新的观念体现了人们对时间的敬畏和对新生活的期待。

（一）除旧的仪式性清理

1. 扫尘

扫尘是春节前的一项重要准备工作。腊月二十三日或二十四日为"扫尘日"。人们会把家里打扫得干干净净，屋内角落彻底清扫，清洗窗帘、床单、被罩、衣物等，甚至沐浴更衣、剃头理发，从物理空间到身体全部净化，寓意着扫除旧年的晦气，迎接新年的吉祥。

2. 淘汰旧物

旧春联、破损器物需要在年前更换，"送旧"象征切断不如意，为迎接新岁腾出空间。

（二）迎新的符号建构

1. 服饰与居所更新

"新年穿新衣"源自古代"元旦日更衣"的习俗，象征告别旧我、迎接新生；门窗贴窗花（多为花鸟、生肖图案）、挂灯笼（红色为主，象征兴旺），营造焕然一新的视觉氛围。

2. 时间重置的象征

除夕"守岁"是新旧时间的临界点，子时（23：00—1：00）交年时燃放鞭炮、敬茶祭祖，标志"一元复始"，人们以赠送压岁钱、贺岁等行为主动迎接新年的到来。

（三）生命意识的表达

1. 长辈对晚辈的期许

古时候，多用铜钱作为压岁钱，需要用红绳穿起来（后为红包），既是保护，也暗含"延续香火""传承家业"的寄望；拜年时，长辈叮嘱晚辈要"长进""懂事"，体现对后代成长的重视。

2. 社会集体的更新

官府"封印"、店铺歇业，暂停日常事务，让整个社会进入"缓冲期"，为新岁的生产、生活积蓄能量，暗合"张弛有度"的生存智慧。

辞旧迎新本质是对生命循环的礼赞，它提醒人们在自然节律中保持更新的勇气，既不沉溺过去，也不畏惧未来，形成"以终为始"的积极人生观。

团圆（人伦）、祈福（天人）、辞旧迎新（时空）三者相互依存，团圆是人际基础，祈福是精神纽带，辞旧迎新是动力源泉，它们共同构建了春节"和合共生"的文化体系——在家庭中实现情感联结，在天地间寻求生存智慧，在时间里完成生命迭代。这种文化内涵历经数千年的演变，至今仍是全球华人共同的文化基因，成为跨越地域、凝聚民族认同的精神符号。

第三节　节日习俗与传承

一、贴春联

春联的起源可以追溯到古代的桃符。据《后汉书·礼仪志》记载，桃符是一种长六寸、宽三寸的桃木板，上面书写着降鬼大神"神荼""郁垒"的名字，悬挂于大门两旁，用以驱邪避鬼。这种习俗在周代就已存在。

到了五代十国时期，桃符开始与对仗的联语结合，出现了最早的春联。964 年，后蜀国君孟昶在除夕时，让学士辛寅逊在桃木板上题写联语，后孟昶亲自题写了"新年纳余庆，嘉节号长春"，这被认为是中国最早的春联。

宋代，春联在民间逐渐流行，人们开始在桃木板上书写对联，内容不再局限于驱邪避灾，还增加了祈福、祝愿等元素。王安石的《元日》中的诗句"千门万户曈曈日，总把新桃换旧符"反映了当时贴春联的盛况。

明代，春联的发展达到高峰。明太祖朱元璋大力提倡贴春联，要求家家户户在除夕前用红纸书写春联，贴在门上。朱元璋还亲自出巡观赏春联，推动了春联的普及。

清代，春联继续盛行，其思想性和艺术性都有了很大的提高，出现了许多脍炙人口的名联佳对。

1984 年中国楹联学会成立，春联创作水平不断提高，征集活动也十分火爆。如今，贴春联已成为春节的重要习俗之一，家家户户在春节期间都会张贴春联，以表达对新年的美好祝愿和对生活的热爱。

二、贴门神

春节贴门神的习俗源于古代的自然崇拜和对超自然力量的敬畏。早在先秦时期，人们就认为门户是鬼神出入的重要通道，因此，在门上设置神灵，以祈求庇护。《山海经》中记载，度朔山上有一棵大桃树，树下有神荼、郁垒二神，他们能捉拿恶鬼并将其喂虎。于是，人们在门上画神荼、郁垒的画像，或刻桃木人，以驱邪避鬼。

战国时期，古人使用桃木刻成的"桃符"作为驱邪的护符，桃木被视为辟邪的象征，桃符上多刻有咒语。

"门神"一词正式出现在汉代典籍中，除了神荼、郁垒，还有一名叫成庆的古代勇士被奉为门神。

唐代的门神形象发生了重大的变化，秦琼、尉迟恭因民间传说而成为新的门神形象。据传，唐太宗李世民因恶梦命二人守门，此后二人便被奉为门神。此外，唐代还出现了钟馗捉鬼的传说，钟馗也成了门神之一。

到了宋代，门神画的风格愈发多样，逐渐融入了戏曲元素，成为一种社会文化的缩影。同时，门神画从桃木板逐渐转变为纸质画像。

明代的门神画更加普及，内容也更加丰富，出现了文武门神等多种形式。

现在，门神仍然是春节的重要文化符号之一，其形象和内涵虽历经演变，但始终承载着人们对新年的美好祝愿和对平安、幸福生活的追求。

三、贴"福"字

春节贴"福"字的习俗起源很早，可以追溯到古代的祭祀文化。最早的"福"字出现在甲骨文中，其形象是一个人双手捧着装满酒的器具奉献给神明或祖先，象征着祈求神灵庇佑拥有美好生活。此外，贴"福"字也与古代的桃符有关。桃符是古代挂在门上的桃木板，用于驱邪避灾，后来逐渐演变为在纸上书写"福"字。

从商周时期开始，"福"字就与祭祀活动紧密相连，象征着对神灵的敬仰和对美好生活的向往。到了东汉时期，桃符成为驱邪的重要工具，上面常写有祈福的文字。

宋代以后，随着印刷术的发展，桃符逐渐演变为春联和"福"字。贴"福"字开始广泛出现在民间的春节习俗中。

清代时，贴"福"字的习俗更加普及，且出现了倒贴"福"字的风俗。据传，这一习俗与恭亲王府有关。一个不识字的家丁将"福"字贴倒了，管家机智地解释为"福到了"，从而化解了尴尬，这一习俗随后在民间流传开来。

"福"字正贴，象征着对幸福生活的向往和对美好未来的祝愿。它代表着庄重和正式，寓意着开门见福、福气临门。倒贴"福"字的寓意是"福到了"，利用"倒"与"到"的谐音，表达了人们对福气到来的期盼。这种贴法通常用于屋内的一些特定位置，如水缸、垃圾桶、衣柜等，寓意将福气留在家中。无论是正贴还是倒贴，贴"福"字的习俗都体现了中国人对幸福生活的追求和对传统文化的传承。它不仅是一种节日装饰，更是一种文化符号，承载着人们对新的一年的美好祈愿。

总之，春节贴"福"字和倒贴"福"字的习俗，从古代祭祀文化演变而来，经过历史的沉淀，成了一种富有文化内涵和美好寓意的传统习俗，至今仍深受人们喜爱。

四、燃放烟花、爆竹

春节燃放爆竹的习俗起源很早，最早可追溯到两千五百多年前的古代祭祀活动。当时，人们通过燃烧竹子发出"噼啪"的声响（称为"爆竹"）来驱赶邪祟、祈求平安。此外，民间传说中"年"兽的故事也为燃放爆竹的习俗增添了文化内涵。相传"年"兽怕声音、红色和火光，人们便在除夕夜通过燃放爆竹、贴红色的桃符和对联、挂红灯笼等方式来驱赶"年"

兽，保护家园平安。

在火药发明之前，人们主要通过燃烧竹子来制造声响，这种方式被称为"爆竹"。这种习俗在南北朝时期已经形成，并在《荆楚岁时记》中有所记载。

唐代，随着火药的发明，人们开始用纸卷火药制作爆竹，这种方式逐渐取代了燃烧竹子的传统。

到了宋代，爆竹的制作工艺更加成熟，出现了多种爆竹品种。北宋诗人王安石在《元日》中写道"爆竹声中一岁除"，反映了当时放爆竹的习俗已十分普遍。

明清时期，爆竹的制作工艺进一步完善，出现了更多种类的烟花、爆竹。同时，烟花作为爆竹的一个分支开始出现，燃放烟花增加了视觉效果，节日的热闹与喜庆气氛更浓。

到了近现代，烟花、爆竹的制作工艺不断创新，不仅注重视觉和听觉效果，还加入了环保和安全措施。然而，随着城市化进程的加快，出于安全和环保的考虑，许多城市开始限制或禁止燃放烟花、爆竹。

最初，人们燃放爆竹，通过制造声响和火光，目的在于驱赶邪祟、保护家园平安。后来，燃放爆竹成了辞旧迎新的重要象征，寓意送走旧的一年，迎接新的一年，寄托了人们对新生活的美好向往。同时，燃放爆竹的声响和烟花的视觉效果为春节增添了浓厚的喜庆氛围，成了春节习俗中不可或缺的一部分。

五、守岁、踩岁

守岁的习俗可以追溯到汉代。相传古代有一种名为"年"的怪兽，每到除夕夜便会出来作祟，人们为了躲避"年"的侵扰，便在除夕夜通宵不眠，意为"守岁"。此外，守岁还与"辞旧岁"和"迎新春"的观念有关，年长者守岁寓意"辞旧岁"，珍爱光阴；年轻人守岁则是为了延长父母的寿命。

踩岁习俗与守岁相伴而生，其起源与驱邪避灾的观念密切相关。在古代，人们认为踩碎芝麻秆可以驱除邪祟，迎接新年的到来。此外，踩岁还与"碎""岁"谐音有关，寓意"岁岁平安"，同时借助"芝麻开花节节高"的吉祥寓意，表达对新年的美好祝愿。

西晋时期，守岁的习俗已开始出现，人们在除夕夜点起蜡烛或油灯，通宵守夜。到了南北朝时期，守岁成为正式的民间习俗，并被文人墨客以诗文记录。到了宋朝，守岁习俗进一步普及，人们在除夕夜遍燃灯烛，通宵不眠。现代社会中，守岁的形式更加多样化，除了传统的围坐聊天外，观看春节联欢晚会、互发微信拜年等也成为新的守岁方式。

踩岁习俗在清代已有记载，人们在除夕夜将芝麻秆粘成"聚宝盆"，然后用脚踩碎，以"碎"谐"岁"，寓意"岁岁平安"。后来，随着时代的发展，踩岁习俗逐渐被燃放鞭炮所替代。

守岁不仅是对过去一年的告别，也是对未来一年的期待和祝福。它体现了人们对时间的珍视，对健康和团圆的渴望，以及对未来美好生活的向往。守岁还承载着家庭团聚的意义，全家人围坐在一起，共享天伦之乐，增强了家庭的凝聚力。

总之，春节守岁和踩岁的习俗承载着中华民族对美好生活的向往和追求，是春节节日文化的重要组成部分，至今仍被广泛传承和弘扬。

六、拜年

拜年的起源可以追溯到周代的"朝正"礼俗。当时，新年朝贺是诸侯向天子表示忠诚的重要仪式，民间也逐渐形成了拜贺新年的习俗。此外，拜年还与祭祀祖先和神灵有关，人们通过拜年祈求新的一年平安、吉祥。汉代以后，拜年开始向民间普及，成为一种普遍的社会习俗。

拜年习俗在宋代进一步发展，不仅在民间普及，还在上层社会中成为联络感情、扩大人际关系的重要手段。当时出现了"投刺"的习俗，即用名帖代替亲自登门拜年。

明代的拜年方式更加多样化，出现了"飞帖"和"拜盒"等新形式。人们会在红纸上写上祝福语，投送到亲友家中。

清代的拜年习俗更加丰富，出现了"团拜"的形式，即大家聚在一起相互祝贺。此外，清代的拜年还保留了跪拜的礼仪，体现了对长辈的尊敬。

民国以后，随着社会的发展，拜年方式逐渐简化，出现了印制的贺年片。

到了现代，随着科技的发展，拜年方式更加多样化，包括电话拜年、微信拜年、网络视频拜年等。

拜年不仅仅是一个简单的问候行为，它还承载着深厚的文化意义。首先，拜年体现了中国人重视家庭和亲情的传统价值观。通过拜年，人们表达了对长辈的尊敬和对晚辈的爱护，让家庭更和睦。其次，拜年也是构建和谐社会关系的重要途径，人们通过互致祝福，增进了人与人之间的理解和友谊。此外，拜年还具有调节人际关系的功能，能够化解平时的误会和不满，拉近人与人之间的距离。总之，拜年作为春节的重要习俗，不仅传承了中华民族的传统美德，还增强了社会的凝聚力。

七、压岁钱

压岁钱的起源可以追溯到汉代，最初被称为"压祟钱"，其主要功能是驱邪避害。相传在古代，有一种名为"祟"的小妖会在除夕夜出没，摸熟睡孩子的头，导致孩子生病甚至变傻。为了保护孩子，家长们会在除夕夜用红纸包上铜钱或其他物品，放在孩子的枕头下，以此来驱邪避祸。这种习俗逐渐演变为一种祝福和关爱的象征，成为春节文化的重要组成部分。

汉代，最早的压岁钱被称为"压胜钱"，并不在市面上流通，而是铸成钱币形式的玩赏物。钱币正面一般铸有"万岁千秋""去殃除凶"等吉祥话和龙凤、龟蛇、双鱼等吉祥图案。

唐代宫廷中开始流行春日散钱，这可以看作是压岁钱的早期形式之一。

到了宋代，春日散钱和洗儿钱的风俗逐渐融合，演变成了给小孩压岁钱的习俗。

明清时期，压岁钱的形式和意义更加丰富多样。大多数压岁钱是用红绳将铜钱穿成串儿，赐给孩子，寓意吉祥如意、长命百岁。此外，压岁钱还出现了特制的钱币，上面刻有"吉祥如意""福禄寿喜""长命百岁"等字样。

民国以后，压岁钱的形式逐渐现代化，出现了用红纸包钞票的方式，寓意长命百岁、财源茂盛、一本万利。

随着现代科技的发展，电子红包逐渐流行，成为压岁钱的新形式。

压岁钱不仅是一种物质上的赠予，更是一种精神上的寄托，体现了长辈对晚辈的关爱与祝福。它承载着长辈对晚辈健康平安、茁壮成长的美好期许，同时也增强了家庭成员之间的情感联系。此外，压岁钱还具有辟邪驱鬼、保佑平安的象征意义，反映了人们对新年的美好期待。

八、春节美食

春节美食习俗的起源与演变承载着深厚的文化内涵，其形成、发展与春节的历史演变紧密相连。春节最初起源于上古时期的丰收祭祀活动。人们为了庆祝一年的辛勤劳作与丰收成果，会准备丰盛的食物用于祭祀神灵和祖先，祈求新的一年风调雨顺、五谷丰登。这些祭祀活动逐渐演变为春节期间的饮食习俗，形成了如今丰富多彩的春节美食文化。

到了魏晋南北朝时期，春节的饮食习俗逐渐丰富起来。贾思勰在《齐民要术》中记载了多种食品的制作方法，其中包括年糕等传统美食。年糕的出现不仅丰富了春节的饮食文化，也寓意着"年年高"，象征着人们的生活水平一年比一年高。

唐宋时期，春节饮食文化更加繁荣。唐代诗人白居易在诗中提到"岁盏后推蓝尾酒，春盘先劝胶牙饧"，反映了当时春节饮食的丰富多样。此外，唐代还有"屠苏酒"和"椒柏酒"等特色饮品，这些酒被认为具有驱寒、祛湿、解毒的功效。宋代时，春节饮食习俗进一步发展，出现了春饼、春卷等特色食品。春饼和春卷不仅味道鲜美，还寓意着新的一年能够带来好运和幸福。

明清时期，春节饮食习俗更加多样化。北方的饺子、南方的年糕等成为春节期间的必备食品。饺子象征着"更岁交子"，寓意着新的一年能够带来好运和财富。年糕则寓意着"年年高"。此外，明清时期还出现了许多地方特色的春节美食，如苏州的糖年糕、广东的盆菜等。

春节美食习俗不仅是一种饮食文化，更是一种文化传承和情感纽带。这些美食承载着人们对新年的美好祝愿和对生活的热爱，成为春节期间不可或缺的一部分。人们通过共享美食，不仅能够感受到节日的喜庆氛围，而且能够增强家庭成员之间的情感联系。

1. 饺子

饺子的起源可以追溯到东汉时期，由医圣张仲景发明。据传，张仲景在冬天看到许多穷人耳朵因冻伤而溃烂，便用羊肉、辣椒和一些驱寒药材包在面皮里，煮熟后分给穷人食用，以驱寒治伤。这种食物被称为"娇耳"，后来逐渐演变为饺子。此外，饺子的形状像古代的金元宝，象征着财富和好运，因此，在春节期间食用饺子寓意着新的一年能够招财进宝。

饺子的制作主要包括以下几个步骤：第一步，准备馅料。常见的馅料有猪肉、白菜、韭菜、虾仁等，根据个人口味可以自由搭配。第二步，和面。将面粉加水揉成面团，醒发一会儿，擀成饺子皮。第三步，包饺子。将馅料放在饺子皮中间，对折后捏紧边缘，形成半月形的饺子。第四步，煮饺子。将包好的饺子放入沸水中煮熟，通常需要煮三滚，即水开三次后捞出。

最早的饺子是作为药用食品出现的，后来逐渐成为民间的普通食品。魏晋南北朝时期，饺子的制作方法逐渐成熟，出现了用面皮包裹馅料的饺子。到了唐代，饺子已经成为春节期间的常见食品，形状和馅料也更加多样化。明清时期，饺子的制作更加精细，成为春节期间的重要美食之一。到了现代，饺子的制作更加多样化，除了传统的手工制作，还有速冻饺子等方便食品。馅料也更加丰富，包括各种肉类、蔬菜、海鲜等。

春节期间，全家人一起包饺子，共享团圆饭，寓意着家庭团圆、和睦。饺子的制作过程象征着辞旧迎新，包饺子时将旧年的晦气包进去，煮熟后吃掉，寓意着新的一年能够带来好运和幸福。饺子作为春节的重要美食，承载着中华民族的文化传统和历史记忆。它不仅是一种美味的食物，更是一种文化的传承和情感的寄托，体现了中国人对家庭和亲情的重视。

2. 年糕

年糕的历史悠久，汉代已有"稻饼""糕""饵""糍"的称谓。关于年糕的传说，最著名的是春秋战国时期伍子胥的故事。相传伍子胥筑城时，用糯米粉制成城砖，后人在饥荒时掘出取食，以此度过难关。此后，人们便在春节制作年糕用来纪念这一历史事件。

年糕主要由糯米粉、水和糖制成。传统做法是将糯米磨成粉，加水和糖调制成团，蒸熟或煮熟后冷却成型。不同地区的年糕会加入不同的配料，如红枣、栗子、荷叶等，以增加风味。如北方的年糕多为甜味，常加入红枣、核桃等；江南地区则有水磨年糕，口感软糯。

年糕最初是祭祀用品，用于供奉祖先和神灵。魏晋南北朝时，年糕的制作方法逐渐成熟，出现了用糯米粉制作的糕点。明清时期，年糕成为市面上常年供应的小吃，并有南北风味之别。现在，年糕的制作方法更加多样化，除了传统的手工制作，还有机器生产的年糕。口味也更加丰富，除了传统的甜味，还有咸味、辣味等。

年糕的名称与"年高"谐音，寓意着新的一年步步高升、事业进步。圆形的年糕象征着团圆，黏性象征着家人团结、家庭和睦。此外，年糕还象征着五谷丰登、长寿健康。在春节期间，年糕不仅是美食，更是承载着人们对新年的美好祝愿。

九、逛庙会

春节逛庙会是中国传统习俗之一，庙会起源于古代的祭祀活动，是宗教文化与岁时风俗相结合的产物。庙会最早主要是以祭祀神灵、辟邪纳福、祈求平安为主，后来逐渐与经济贸易相互融合，形成了集祭祀、娱乐、购物于一体的综合性活动。

庙会的起源可以追溯到远古时期的宗庙社郊制度，即祭祀活动。在古代，人们为了祈求神灵保佑，或感谢神灵赐福，会在特定的日子在寺庙或神社举行祭祀仪式，烧香拜佛，表达虔诚和愿望。随着时间的推移，寺庙周围开始出现小商贩，他们看到烧香拜佛的人很多，便在庙外摆起小摊赚钱，逐渐形成了定期的集市，即"庙市"或"节场"。

古代的庙会主要围绕祭祀活动展开，人们聚集在寺庙周围，举行各种仪式。随着社会的发展，庙会逐渐成为经济活动的重要场所，还增加了娱乐性活动，如杂技、皮影戏等，使庙会活动更加丰富多彩。明清时期，庙会文化达到鼎盛，不仅有丰富的商品交易，还有各种民间艺术表演，如舞龙、舞狮、踩高跷、划旱船等。现代庙会保留了传统特色，同时融入了更多现代元素，如机器人写春联、无人机表演、幻彩灯光秀等，成为春节期间重要的文化活动。

1. 舞龙、舞狮

舞龙、舞狮是庙会中常见的表演形式，具有深厚的文化内涵。舞龙的起源可以追溯到先秦时期，当时龙被视为沟通天地的神灵，是中华民族的重要图腾之一。古代，人们通过舞龙祈求风调雨顺、五谷丰登。舞狮则起源于南北朝时期，最初是作为驱邪避灾的祭祀舞蹈，后来成为贺喜、助兴的娱乐形式。舞龙、舞狮不仅增添了节日的喜庆氛围，还寓意着辞旧迎新、祈福纳祥。

2. 踩高跷

踩高跷是中国古代百戏之一，早在春秋时期就已出现。它是一种民间技艺表演，表演者脚踩高跷，行走、跳跃，甚至做出各种高难度动作。踩高跷不仅考验表演者的技巧和平衡能力，还具有很强的观赏性。在庙会中，踩高跷表演常常吸引众多观众驻足观看。

3. 划旱船

划旱船是一种模仿水上行船的表演形式，通常由表演者手持木桨，在陆地上模拟划船的动作。这种表演形式起源于民间对大禹治水的纪念，后来逐渐演变为一种娱乐活动。在庙会中，划旱船表演常常伴随着欢快的音乐和舞蹈，为节日增添了浓厚的喜庆氛围。

总之，春节逛庙会及其相关的民间艺术表演形式如舞龙、舞狮、踩高跷、划旱船等，是传统文化的传承，也是人们欢庆节日、祈求平安和幸福的重要方式。

第四章 中国主要传统节日之元宵节

第一节 节日起源与传说

农历正月十五元宵节又名"上元节",意思是一年之中第一个月圆之夜,这也是春节过后的第一个重大节日。元宵节也被称为"灯节",这天夜晚,家家户户都会吃汤圆或者元宵,挂起喜庆的花灯,燃放烟花,一起来庆祝节日。2008年6月,元宵节入选了第二批国家级非物质文化遗产,作为一个重要的民俗节日被永久地保存了下来。

一、元宵节的起源及演变过程

(一)起源

1. 源于汉代说

元宵节最早可以追溯到汉代。据史书记载,汉文帝时期,为了庆祝周勃于正月十五勘平诸吕之乱,每逢此夜,必出宫游玩,与民同乐。古代"夜"同"宵","正月"又称"元月"。因此,汉文帝就将正月十五定为元宵节。汉武帝时期,正月十五被定为祭祀"太一神"的日子。汉武帝在甘泉宫举行盛大的祭祀活动,燃灯祈福,祈求风调雨顺、国泰民安,这一仪式为元宵节的形成奠定了基础。

2. 源于佛教说

东汉时期,汉明帝提倡佛教,听说佛教有正月十五僧人观佛舍利、点灯敬佛的做法,就命令这一天夜晚在皇宫和寺庙里点灯敬佛,令士族、庶民都挂灯,从而形成了元宵赏灯的传统,这种佛教礼仪节日逐渐演变为民间盛大的节日。

3. 源于古代祭祀说

还有一种说法认为，元宵节起源于古代的祭祀活动。在古代，人们为了祈求风调雨顺、五谷丰登，会在正月十五这一天举行祭祀活动，这些活动包括燃火把、燃放爆竹、舞龙、舞狮等，以驱赶邪灵和瘟疫，祈求来年的平安和丰收。随着时间的推移，这些祭祀活动逐渐演变成了元宵节的各种传统习俗。

（二）历史演变过程

元宵节是一个从春节设庭燎到设灯，从元日张灯到望日张灯，同时受佛教影响普及张灯的过程。古时，每逢国家有大事，便会点燃竖在门外的大烛和门内的庭燎，为大家照明。

元宵节在西汉时期就已经受到人们的重视。两千多年前，汉文帝下令将正月十五定为元宵节，那时已有在正月十五燃灯敬佛的习俗。

先秦时期，太一神是当时中国神话系统中的最高神，主宰着宇宙万物。随着秦统一六国，太一神也从某一地区的最高神向全民信仰转化，影响的范围也扩大了。到了汉武帝时期，太一神从东帝变为主帝，受古代"君权神授"思想的影响，国家非常重视举行祭祀天神的仪式。因此，汉武帝下令将正月十五定为祭祀太一神的日子，在甘泉宫燃灯祈福，这种祭祀仪式主要在宫中举行。

汉明帝崇尚佛法，当他得知每年正月十五是参佛的良辰吉日，为了达到弘扬和宣传佛法的目的，他便下令正月十五的晚上在宫中和寺庙里燃灯礼佛，由此元宵节从宫廷传入民间，从中原地区传到了全国。

南朝梁时，虽然正月十五已有张灯之举，此时的灯树只是起到替代庭燎的作用。南北朝这一历史阶段是元宵节的形成期。

隋朝时，正月十五元宵节已经是盛况空前。《隋书·柳彧传》记载："每正月望夜，充街塞陌，聚戏朋游。鸣鼓聒天，燎炬照地。"当时，长安城的老百姓都会出来观灯、看戏，民俗表演活动也越来越丰富、有趣。

到了唐朝，由于国力强盛，元宵节改为正月十四到正月十六共3天的时间。元宵节夜晚赏灯的活动也越来越热闹，处处张灯结彩，那时的人们还会制作巨大的灯树、灯柱、灯轮等大型灯饰，场面非常盛大，满城火树银花，十分繁华、热闹。

宋朝是元宵节发展的重要时期。据《东京梦华录》记载，北宋都城汴梁（今开封）的元宵灯会规模宏大，花灯种类、样式繁多，如莲花灯、桥灯、鹿灯、万眼灯、琉璃球灯等十几种。老百姓除了前后张灯庆祝 5 日以外，还有民间社火、划旱船等节日娱乐项目，猜灯谜、吃元宵等习俗也在这一时期逐渐定型，成为元宵节习俗的重要组成部分。

明朝时，灯节持续的时间更长，从正月初八到正月十七整整 10 天，是中国历史上最长的灯节，而且热闹非凡，张灯、观灯、猜灯谜的活动更加普遍。每逢过节，除家家户户张灯以外，邻里街坊还会合作制作灯棚，还会有人出面集资，设立专门的赏灯之处。此时，不仅会张灯，还会燃放烟花，也是明代元宵节的又一重要景观，增加了节日的热闹气氛。

清朝时宫廷不再举办灯会，元宵节的假期也从 10 天缩短到了 3 天。但是，民间的灯会还是非常热闹，灯火璀璨，灯的形制也更加精致、新奇，还增加了舞龙、舞狮、划旱船、踩高跷等民俗表演活动，非常吸引人。

二、有关元宵节的传说与典故

（一）传说：药王菩萨吃汤圆

很久以前，玉皇大帝为了更好地了解人间的情况，派灶神菩萨常住人间，每月逢三上天汇报情况。有一年，灶神菩萨向玉帝汇报说，人间百姓一年到头都在辛勤劳作，吃的是粗茶淡饭，从不休息，长此以往，身体会吃不消，影响生产。

玉帝听后，让群臣想办法。太白金星建议让衲陀祖师下凡，给百姓们吃些药，让他们慢慢生病，自然就会休息。玉帝同意了这个建议，衲陀祖师就在腊月初八的早上，在百姓们的饭锅里偷偷下了"疯人药"，药一下锅就变成了大豆、豌豆、蒜苗、豆腐和肉。百姓们吃了这些食物后，果真慢慢地"疯"了起来：女的缝新衣、绣花鞋，男的杀猪、宰羊，都不想下地干活。

到了腊月二十四，疯人药性大发，人们开始东家请人吃饭，西家邀客喝酒。到了腊月三十中午，百姓们都拿出各种好吃的食物，围在桌旁，全家人大吃大喝起来。从正月初一起，男女老少不仅吃好的，还整天穿红着绿到处玩耍，有的画着花脸，敲锣打鼓四处游街；有的带着礼品，互相拜年。

正月十三，灶神菩萨上天汇报说："大王，不好了，百姓们全疯了！光吃、光耍，一样活儿也不干，这样下去，如何得了？"玉帝十分惊诧，又让群臣想办法。太白金星建议让药王菩萨下凡治理。玉帝同意了，药王菩萨就在正月十四的晚上，将百姓的夜餐变成了汤圆，里面放了芝麻、核桃、白糖等清醒剂。百姓们吃了这些汤圆后，第二天早上疯病全好了，家家照旧男耕女织，恢复了往常的劳动。

从此，人们为了纪念药王菩萨的善举，每到正月十五就会吃汤圆，这个习俗也一直延续至今。

（二）传说：东方朔与元宵姑娘

很久以前，汉武帝有个宠臣叫东方朔，他善良又风趣。有一年冬天，下了好几天的大雪，东方朔去御花园给汉武帝折梅花。刚进园门，他就看到一个宫女泪流满面，正准备往井里跳。东方朔赶紧跑过去，把她救了下来，还问她为什么要这样。

原来，这个宫女叫元宵，她的家里有爸爸、妈妈和一个妹妹。自从她进宫以后，就再也见不到家人了。每到过年的时候，她就特别想家，想得心都碎了，觉得活着没意思，还不如死了算了。东方朔听了元宵的故事，很同情她，就对她说："别担心，我一定想办法让你和家人团聚。"

过了几天，东方朔出了宫，在长安街上摆了一个占卜摊。很多人听说东方朔会算命，都跑过来求卦。奇怪的是，不管谁来求卦，东方朔都给他们抽到"正月十六火焚身"的签语。大家都吓坏了，纷纷问东方朔该怎么办。东方朔说："正月十三日傍晚，火神君会派一位赤衣神女下凡查访，她就是奉旨烧长安的使者。我给你们一张红帖，你们拿去让天子想想办法。"

说完，东方朔扔下一张红帖就走了。老百姓们赶紧把红帖送到宫里，禀报给汉武帝。

汉武帝一看红帖，上面写着："长安在劫，火焚帝阙，十五天火，焰红宵夜。"他心里特别害怕，赶紧把东方朔请来。东方朔假意想了想，说："听说火神君最爱吃汤圆，宫里的元宵不是经常给您做汤圆吗？十五晚上，让元宵做好汤圆，您焚香上供。再传令京都家家都做汤圆，一齐敬奉火神君。再传谕臣民一起在十五晚上挂灯，满城点爆竹、放烟火，好像满城大火，这样就可以瞒过玉帝了。此外，通知城外百姓，十五晚上进城观灯，杂在人群中消灾解难。"汉武帝听了，特别高兴，就传旨照东方朔的办法去做。

到了正月十五日，长安城里张灯结彩，游人熙来攘往，热闹非凡。元宵的父母带着妹妹也进城观灯。当他们看到写有"元宵"字样的大宫灯时，惊喜地高喊："元宵！元宵！"元宵听到喊声，终于和家里的亲人团聚了。

这一夜，长安城热闹极了，大家都忙着挂灯、放烟火，好像真的着了火一样。结果，长安城真的平安无事。汉武帝特别高兴，就下令以后每到正月十五都做汤圆供火神君，正月十五照样全城挂灯、放烟火。因为元宵做的汤圆最好，人们就把汤圆叫"元宵"，这天也叫"元宵节"。

（三）传说：正月十五放烟花的由来

相传在很久以前，凶禽猛兽很多，四处伤害人和牲畜。于是，人们就成群结队地一起对付它们。

有一天，天帝身边的神鸟迷路了，误闯人间。老百姓们从来没见过这种大鸟，看到它很凶猛，担心它会害人，就一起把它射死了。

天帝知道后震怒，下令让天兵在正月十五那天到人间放火，把人畜都烧死。天帝的女儿心地善良，她听到了这个消息，不忍心看着老百姓们受苦。于是，她偷偷地来到人间，把这个消息告诉了人们。

老百姓们得知了这个消息后，都很害怕，不知道如何是好。后来，有个老人想出了一个办法，他让大家在正月十四、十五、十六日这三天，家家户户张灯结彩，燃放烟花、爆竹，让天帝误以为人间着火了，人们都被烧死了，就不会再派天兵来放火了。

大家觉得老人说得有道理，就按照老人说的办法做了。

果然，到了正月十五这一天，天帝看到人间一片红光，响声震天，以为人们都被烧死了。就这样，人们躲过了一劫。

自那之后，人们为了纪念这一天，每年正月十五，家家都会挂上灯笼、燃放烟花和爆竹来庆祝。

（四）典故："诸吕之乱"纪念日

相传汉高祖刘邦去世后，其子刘盈即位，那年他十六岁，史称汉惠帝。刘盈生性懦弱，非将帅之才，大权逐渐落入其母吕后手中。吕后掌权后，大力培植吕氏家族势力，打压刘氏宗亲及朝中元老。她先后分封诸多吕姓子弟为王、侯，吕氏一族权倾朝野，几乎掌控了西汉朝廷所有重要的官职。

刘盈在母亲吕后的掌控下，郁郁寡欢，二十三岁便英年早逝。此后，吕后更加肆无忌惮地独揽朝政大权，朝中大臣对此敢怒不敢言，尤其是刘氏宗亲更是愤慨。吕后死后，吕氏家族密谋叛乱，试图夺取刘氏江山。齐王刘襄得知这件事后，为了保住刘氏江山，决定先下手为强，起兵讨伐吕氏一族。他与开国功臣周勃、陈平等一起设计平定了吕氏家族，史称"诸吕之乱"。平乱之后，众臣拥立刘邦的第四个儿子刘恒登基，史称汉文帝。

刘恒深感太平盛世来之不易，便把平息"诸吕之乱"的正月十五，定为与民同乐的节日，京城家家户户张灯结彩，以示庆贺。从此，正月十五便成了一个普天同庆的民间节日。

第二节　节日文化内涵

一、团圆

团圆是元宵节节日文化的核心内涵之一。首先，从节日的时间来看。元宵节是每年的农历正月十五，是一年中第一个月圆之夜。在中国传统文化中，圆月象征着团圆和美满，人们认为这一天的满月寓意着家庭的团聚和完整。其次，从节日的饮食来看。元宵是一种用糯米粉制成的圆形甜品，馅料多样，如豆沙、芝麻、花生等。北方称为"元宵"，南方称为"汤圆"，虽然名称不同，但都象征着团圆和美满。一家人团团圆圆，围坐在一起吃元宵，寓意着家庭和睦、幸福美满，表达对美好生活的向往。最后，从节日的娱乐项目来看。元宵节又被称为灯节，这一天家家户户、街头巷尾都会挂起五彩缤纷的花灯。人们在赏花灯的过程中，不仅感受到节日的喜庆气氛，也寓意着家庭的团圆和光明。同时，还可以猜灯谜。人们将谜语写在纸条上，悬挂在彩灯的下面或者贴在彩灯上供人猜解，不仅增添了节日的乐趣，也象征着智慧和团圆。

　　元宵节是春节年俗的重要组成部分，也是春节庆祝活动的高潮。它不仅是家庭团聚的时刻，也是全社会成员共同参与的节日。通过各种传统习俗，人们在节日中感受到家庭的温暖和社会的和谐。元宵节的团圆文化内涵不仅体现在家庭层面，还承载着人们对国家和社会的祈愿。在这个特殊的日子里，人们不仅为家人祈福，也为国家祈愿，希望祖国繁荣昌盛、人民安居乐业。这种家国情怀使得元宵节成了一个具有深厚文化内涵的传统节日。

二、娱乐

　　元宵节作为中国传统节日之一，其娱乐文化内涵丰富多样，体现了古代人们欢庆节日和对美好生活的精神追求。元宵节的娱乐活动有赏花灯、猜灯谜、民间艺术表演、燃放烟花等。

　　元宵节也被称为"灯节"，赏花灯是元宵节的核心活动之一。从正月十三"上灯日"开始，一直到正月十八"落灯日"结束，全国各地都会举办灯会。人们制作各种造型精美的花灯，如宫灯、走马灯、花卉灯等。这些花灯不仅具有观赏性，还营造了热闹、喜庆的节日氛围，吸引着人们走出家门，共同参与这一盛大的活动。

　　猜灯谜是元宵节期间的一项智力游戏。人们将谜语写在纸条上，贴在花灯上，供人猜测。这种活动不仅增加了节日的趣味性，还促进了人与人之间的交流与互动。猜灯谜的奖品通常是一些小礼品，也为活动增添了一份期待和乐趣。

民间艺术表演的项目众多，如舞龙、舞狮、踩高跷、划旱船、扭秧歌、打太平鼓等。其中，舞龙、舞狮是元宵节期间最为常见的民俗表演。舞龙时，表演者手持道具，随着锣鼓声起舞，龙身在空中翻腾、盘旋。舞狮则分为"文狮"和"武狮"，北派狮舞者以表演"武狮"为主，动作惊险、刺激；南派狮舞者以表演"文狮"为主，注重表情和动作的细腻表现。这些表演不仅具有观赏性，还寓意着平安和吉祥。踩高跷是一种传统的民间表演艺术。表演者脚踩高跷，做出各种高难度的动作，如跳跃、舞剑、劈叉等。这些动作不仅考验表演者的技巧和平衡能力，还为观众带来了视觉上的震撼和欢乐。

在元宵节的晚上，人们会点燃烟花庆祝节日。烟花的爆炸声和明亮的火焰，被认为可以驱赶邪祟，为新的一年带来好运。五彩缤纷的烟花在空中绽放，形成一道道美丽的风景线，放烟花不仅增添了节日的喜庆氛围，还有庆祝团圆、希望家庭幸福美满、辞旧迎新的寓意。随着人们环保意识的提高，许多城市开始限制或禁止燃放烟花，以减少空气污染和噪音污染。同时，无人机灯光秀等新兴的庆祝方式逐渐兴起，成为烟花的替代品。

总的来说，元宵节的娱乐文化内涵丰富多彩，通过各种传统习俗和活动，人们在节日中放松身心，享受欢乐，增强了社会凝聚力和文化认同感。

三、祈福

元宵节祈福的节日文化内涵丰富多样，涵盖了祈子、祈年、祈求平安等多个方面，体现了人们对美好生活的向往和追求。

祈子是元宵节祈福的重要内容之一，主要通过与"灯"相关的活动来表达对人丁兴旺的期盼。一方面，"灯"与"丁"谐音，且灯火常被视为生命的象征，因此，人们通过各种与灯相关的仪式来祈求添丁进口、人宅兴旺。四川成都有"送灯"的习俗，新嫁女儿的人家会在元宵节这天送灯给女儿，寓意多生孩子。广州有"请灯"的习俗，人们会在元宵节当天到庙里挑选花灯，认为这样可以使家中添丁。

祈年则是祈求庄稼丰收，体现了人们对农业生产的重视和对自然的敬畏。上海、江苏南部等地区有"照田蚕"的习俗，人们在元宵节黄昏时分点燃用草扎成的火把，在田间奔跑并喊叫，以此来防治虫害，祈求庄稼丰收。据说，舞龙的活动也与祈年有关，龙被视为司水之神，舞龙是为了唤醒龙，祈求风调雨顺，从而保障庄稼的丰收。

祈求平安是元宵节的祈福活动之一，人们会通过各种仪式来驱邪避灾，求得来年的平安与吉祥，比如，燃火把、放鞭炮被认为可以驱赶邪祟和瘟疫，获得平安与健康；陕西一带有挂灯笼照亮家里黑暗角落的习俗，寓意驱邪纳福。元宵象征团圆、美满，人们通过吃元宵来祈求家庭的和睦与幸福。

元宵节的祈福活动形式多样，但其核心都是人们对美好生活的向往和追求，体现了中华民族对家庭、社会和自然的深厚情感。

四、文化艺术

元宵节是中国传统节日文化的重要组成部分，其文化艺术内涵丰富，涵盖了传统技艺、表演艺术、文学创作等多个方面，体现了中华民族对美的追求和对传统文化的传承。

元宵节期间，各种传统技艺的展示和体验活动丰富多彩，体现了深厚的文化艺术内涵。如花灯制作，花灯是元宵节的重要象征，各地会举办花灯制作活动。如北京的中华世纪坛篆刻体验中心推出"传统荟萃　匠心传承"的系列活动，邀请观众体验北京灯彩制作。花灯制作不仅是一种技艺，更是一种文化的传承。2006 年，灯彩入选国家级非物质文化遗产名录。剪纸也是中国传统的民间艺术之一。元宵节期间，许多美术馆和博物馆会邀请剪纸非遗传承人到现场教学。如北京南池子美术馆邀请了北京剪纸非遗代表性传承人徐阳，为观众带来剪窗花等传统文化体验。皮影戏是一种古老的表演艺术形式，元宵节期间，中国工艺美术馆·中国非物质文化遗产馆推出"遇见非遗之'京'彩皮影——北京皮影戏社教活动"，通过皮影戏的形式再现传统故事的情节和内容。

元宵节的表演艺术形式多样，充满了喜庆和活力。舞龙、舞狮是中国传统文化中重要的表演形式，象征着驱邪避灾、祈求平安。在元宵节期间，许多地方会举办舞龙、舞狮表演，为节日增添了浓厚的喜庆氛围。一些文化场所会举办古琴音乐会。如中国工艺美术馆·中国非物质文化遗产馆举办"遇见非遗之'瑞龙啸春'古琴音乐会"，让观众在经典名曲中感受华夏民族音乐的深层意蕴。一些现代艺术活动如即兴剧场也开展了元宵节的庆祝活动。如中央美术学院美术馆举办《山海浮生》即兴剧场，邀请戏剧爱好者和音乐爱好者参与创作和表演。

元宵节也是文学创作的重要题材，许多诗词歌赋都与元宵节有关。古往今来，众多文人墨客以元宵节为题材创作了大量诗词歌赋。这些作品不仅描绘了元宵节的热闹场景，也表达了对美好生活的向往和对团圆的渴望。猜灯谜是元宵节的重要活动之一。灯谜通常写在花灯之上，供人们猜测。这种活动不仅增加了节日的趣味性，也促进了人们对中国传统文化的了解。

现代艺术与传统文化在元宵节期间相互融合，形成了独特的文化景观。一些美术馆会举办绘画互动活动，如"表情汤圆"绘画互动活动，观众可以在卡纸上绘制个性化的"表情汤圆"，并分享到社交平台。一些活动将非遗技艺与现代科技相结合，如"非遗科技对对碰"活动，展示古老技艺与前沿科技的碰撞火花。

元宵节通过各种文化艺术活动，不仅传承了中华民族的优秀传统文化，也展现了文化的多样性和创新性。这些活动不仅丰富了人们的精神生活，也增强了民族认同感和凝聚力。元宵节的庆祝活动融合了多种艺术形式，如彩扎、剪纸、诗词书画等，这些艺术形式不仅传承了传统文化，而且还在不断创新和发展。如花灯作为一种独特的装饰艺术，已成为国家级非物质文化遗产。

元宵节不仅是家庭团聚的时刻，也是全社会共同参与的节日。它具有确认社会成员关系的意义，促进了社会的和谐与团结，通过各种集体活动，人们增进了彼此之间的感情，增强了社会凝聚力。

第三节　节日习俗与传承

一、吃元宵或汤圆

传说元宵节吃元宵的习俗与汉武帝有关。相传汉武帝时，宫女元宵思念家人，东方朔便设计让其在正月十五做汤圆供奉火神，最终使元宵得以与家人团聚，此后便形成了元宵节吃汤圆的习俗。

唐代，元宵节吃"面茧""圆不落角"等食品，当时吃元宵已成为时尚。宋代，最早叫"浮元子"，后称"元宵"，生意人还美其名曰"元宝"。南宋时出现了"乳糖圆子"，这应该是汤圆的前身。宋代周必大所写的《元宵煮浮圆子》诗，里面有"星灿乌云里，珠浮浊水中"的诗句，描绘了煮汤圆的情景。

明代，出现了汤圆、元宵的名称。明末《明宫史》记载，元宵的制作是用糯米细面，内用核桃仁、白糖为果馅，沾水滚成如核桃大小。

清康熙年间，御膳房特制的"八宝元宵"是名闻朝野的美味。清代符曾的《上元竹枝词》反映了北京很早以前就有元宵节吃元宵的习惯。

元宵和汤圆虽然外形相似，但制作方法不同。北方的元宵先做好馅料，切成小方块，放在半圆形的器皿中，沾滚上糯米粉即成；南方的汤圆多为手工包制，馅料是软的。元宵多为甜馅，汤圆则甜、咸、荤、素馅皆有。食用方法多样，可以煮、煎、蒸、炸。二者都寓意团圆、美满。

二、闹花灯

元宵节闹花灯，又称"灯会"或"元夕"，是元宵节期间的一项重要活动。人们在正月十五这一天会挂起各种花灯，包括宫灯、兽头灯、走马灯、花卉灯、鸟禽灯等。这些花灯不仅造型精美，还常常带有各种吉祥寓意，如祈求平安、丰收、健康等。

闹花灯的习俗始于西汉。据传，汉武帝在正月十五于皇宫设坛祭祀太一神，彻夜点灯照明，这被认为是元宵节点灯的开端。

闹花灯的习俗在隋唐时期开始兴盛。隋炀帝时期，每逢元宵佳节，都会举行盛大的灯会，以彰显皇家的气派和繁荣。唐代的赏灯活动更加盛大，皇宫里、街道上处处挂灯，还立起了高大的灯轮、灯楼和灯树。

宋代以后，闹花灯的风俗继续盛行。宋代的灯会不仅规模大，而且形式多样，出现了各种精美的花灯和灯谜。

明清时期，闹花灯的活动更加丰富多样。明代的灯会不仅有各种花灯，还有舞龙灯等表演。清代的灯会则更加注重灯的装饰性和艺术性，紫禁城内也会悬挂各种花灯。

到了现代社会，闹花灯的习俗依然广泛流传。许多城市会在元宵节期间举办大型的灯会，吸引众多游客前来观赏。这些灯会不仅保留了传统花灯的特色，还融入了现代科技元素，如灯光秀等。

三、猜灯谜

猜灯谜的起源可以追溯到春秋战国时期的"隐语"或"瘦词"，当时人们为了宣传自己的主张，常常采用隐喻的方法来说服君主。到了汉代，谜语逐渐演变为一种文字游戏。南宋时期，猜灯谜正式成为元宵节的一项重要活动，人们将谜语写在纸条上，贴在彩灯上供人猜测。明清时期，猜灯谜活动更加盛行，谜语的内容更加丰富多样，涵盖了经传、诗文、诸子百家、传奇小说及谚语、什物、花草等。

元宵节期间，人们会挂起五光十色的彩灯，并在灯上贴上谜语，供人们猜谜。这种活动不仅增添了节日的趣味性，还能锻炼思维能力。现在，猜灯谜这一传统游戏通过社交媒体、电商平台和短视频等运用现代传播方式焕发出新的生命力。

第五章　中国主要传统节日之清明节

　　古人将冬至后的第 106 天定为清明节，又称踏青节、行清节、三月节、祭祖节，其名称来源于此时的天气特征，即"万物生长此时，皆清洁而明净"，因此得名"清明"。清明节的时间在公历 4 月 4 日至 6 日之间，通常在 4 月 5 日居多。它是二十四节气之一，是春分后的第 15 天，预示着要春耕了。

　　清明节的起源可以追溯到古代的春祭礼俗和祖先信仰。最初，清明只是一个提醒农民进行春耕、春种的节气。后来，它与寒食节、上巳节等节日逐渐融合，形成了如今的清明节。寒食节是为了纪念春秋时期的忠臣介子推，而上巳节则是古代踏青嬉游的节日。

　　清明节是中国传统的祭祖、扫墓的日子，人们会在这一天祭拜祖先，表达对先人的怀念之情，体现了中华民族孝道文化的精髓。清明节承载了中华民族几千年的历史记忆，通过扫墓、祭祖等活动，弘扬民族文化，增强民族凝聚力。清明节也是人们亲近自然、踏青游玩的节日，反映了人们对自然的敬畏与感恩。

　　总之，清明节不仅是一个重要的传统节日，也是中华民族文化传承的重要载体，体现了对先人的缅怀、对自然的亲近以及对传统文化的传承和弘扬。

第一节　节日起源与传说

一、清明节的起源与演变过程

　　清明节是中国重要的传统节日之一，其起源和历史演变过程丰富多彩，体现了深厚的文化内涵和历史积淀。

（一）起源

清明节的起源主要有以下几种说法：

1. 节气起源

清明节最初是二十四节气之一，标志着春季的中期，天气逐渐变暖，雨水增多，适合春耕、春种。《淮南子·天文训》记载："春分后十五日，北斗星柄指向乙位，则清明风至。"此时，万物生长，清洁而明净，故称"清明"。

2. 寒食节与清明节的融合

清明节与寒食节的关系密切。寒食节起源于春秋时期，传说晋文公为了纪念忠臣介子推，下令在介子推死的那天禁火、寒食，后来逐渐演变为寒食节。唐代时，寒食节与清明节逐渐融合，寒食节的扫墓习俗被纳入清明节，清明节逐渐成为独立的节日。

3. 上巳节的融入

上巳节原本是农历三月初三，主要活动是踏青、祓禊（即沐浴以除灾祈福）。由于上巳节与清明节时间相近，其习俗也逐渐融入清明节。唐代以后，上巳节的踏青、曲水流觞等习俗成为清明节的一部分。

4. 墓祭之礼的起源

清明节的起源据传始于古代帝王将相"墓祭"之礼，后来民间亦争相仿效，于此日祭祖、扫墓，历代沿袭，形成固定的习俗。据考古发现，广东英德青塘遗址发现了万年前的墓葬，表明上古先民已有明确的墓葬行为和礼俗观念。在周代，已有扫墓、祭祖的习俗，但并未固定在清明节。唐代以后，清明节逐渐成为固定的扫墓、祭祖的节日。

综上所述，清明节的起源是一个复杂的过程，涉及节气、寒食节、上巳节的融合，以及墓祭习俗的传承和官方的推动。

（二）历史演变过程

清明节的起源可以追溯到周代，最初是一个重要的节气，标志着气温升高，是春耕、春种的大好时节。《淮南子·天文训》记载："春分后十五日，北斗星柄指向乙位，则清明风至。"这一时期，气温升高，雨量增多，正是春耕、春种的关键时期，因此有"清明前后，种瓜点豆"的农谚。

随着时间的推移，清明节与寒食节逐渐融合。寒食节起源于春秋时期的"介子推传说"。相传，晋国大臣介子推为了救饿晕的晋文公，割肉相赠。晋文公即位后，介子推不愿接受封赏，带着母亲隐居绵山，后晋文公为了逼迫介子推出山，放火烧山，没想到却将介子推烧死。晋文公为了纪念介子推，将放火烧山的那一天定为寒食节，全国禁忌烟火，只吃寒食。到了汉代，寒食节已具有全国性影响。由于寒食节与清明节时间接近，两者逐渐合二为一，清明节也继承了寒食节的习俗。

唐代，寒食节与清明节并列放假，不同年号分别有 4～7 天的假期。唐玄宗开元二十年（732 年），官方诏令将寒食扫墓纳入礼制，落款"清明日"，暗示节日重心转移。

宋代，清明节逐渐取代寒食节的地位，成为主要的祭祀节日。宋代诗人高菊卿的《清明》诗反映了当时清明节上坟祭祖的盛况。同时，上巳节的踏青、曲水流觞等习俗也被合并到清明节的习俗中。

明清时期，清明节的祭祖、扫墓习俗仍然盛行，同时出现了迎城隍祭厉等新的风俗。

民国时期，1915 年，清明节被定为植树节。1928 年将植树节改为 3 月 12 日，即孙中山先生的逝世日。

2006 年 5 月 20 日，中华人民共和国文化部申报的清明节经国务院批准列入第一批国家级非物质文化遗产名录。2008 年，清明节被纳入国家法定假日，成为全民参与的重要节日。现代社会中，网络祭扫、虚拟献花等数字民俗逐渐兴起。

清明节不仅是一个祭祀祖先、缅怀先人的肃穆节日，也是一个亲近自然、踏青游玩的欢乐节日。它体现了中华民族对祖先的敬仰、对自然的敬畏以及对生命的尊重。清明节的两大核心习俗——扫墓祭祖与踏青郊游，既表达了对逝者的思念，也展现了对生活的热爱。

二、有关清明节的传说与典故

(一) 传说：汉青三年筑坟的故事

在白头山腹地的赫尔里地区，当地有个奇特的风俗：人去世后，棺木掩埋后要踏平，同时在棺木周围栽种一圈人参，三年后的清明节再筑起高坟。

康熙年间，赫尔里是满人聚集地。当地有个人家，男主人叫额尔敦·郭罗，他只有一个儿子叫汉青。一天，汉青在山中狩猎时意外采获了一棵野生六品叶大人参，这可是极其罕见的宝贝。他兴冲冲地跑回家，想用这棵人参给体弱多病的父亲郭罗补补身子，却不知父亲对此另有打算。

郭罗想将这棵人参献给康熙皇帝，以换取家族的荣华富贵。汉青得知后，因受母亲影响，对清廷并无好感，于是偷偷拿走了人参，躲到朋友家一个月。郭罗找不到人参，急得团团转。汉青的母亲建议郭罗谎称人参被贼偷了，但郭罗担心牵连无辜，便到县衙自首，称人参被自己误服。县令为了邀功，将此事上报朝廷。

康熙皇帝得知后震怒，念在郭罗曾有战功，赐他一死，但未祸及家人。康熙还下令，郭罗族人的坟墓三年内不能起坟，要让人马牲畜践踏够了，才可以筑坟、立碑。

汉青回家后，得知父亲去世的消息，悲痛欲绝。他来到父亲的葬身之地，将那棵人参埋在了那里。三年后的清明节，人参长势喜人，汉青带领族人给父亲的棺木筑起了一座高大的坟墓，并举办了隆重的发丧仪式。

此后，赫尔里一带的人沿袭了这一风俗，家人去世后先在坟前栽种人参，三年后的清明节再筑坟，仪式比第一次出殡还要隆重。这个故事反映了当时社会的复杂关系，以及人们对家族、荣誉和自然的敬畏之情。

(二) 典故：介子推的故事

春秋时期，晋国发生内乱，晋献公的妃子骊姬为了让自己的儿子奚齐继位，陷害太子申生，导致申生被迫自尽。申生的弟弟重耳（后来的晋文公）被迫流亡。

重耳在流亡期间，历经艰难险阻，多次陷入绝境。在一次极度饥饿之时，他的忠臣介子推割下自己大腿上的肉，煮成汤，给重耳充饥，救了重耳一命。后来，重耳在秦国的帮助下返回晋国，成为晋文公，开启了晋国的强盛时期。

然而，晋文公即位后，介子推却不愿接受封赏，选择带着母亲隐居绵山，过上了隐居生活。晋文公得知后，深感愧疚，多次派人请介子推出山，但介子推始终不肯下山。为了逼介子推出山，晋文公听从奸臣的建议，下令放火烧山，试图逼他出山。但介子推宁死不屈，最终抱着一棵大树被烧死。

晋文公得知介子推的死讯后，悲痛欲绝。他下令将介子推被烧死的那天定为寒食节，禁止生火做饭，只吃冷食，以纪念介子推的忠诚。第二年，晋文公上绵山祭奠介子推时，发现被烧焦的柳树竟然复活，绿枝千条。晋文公将这棵柳树赐名为"清明柳"，并把寒食节的后一天定为清明节。

寒食节和清明节最初是两个不同的节日，但随着时间的推移，两者的习俗逐渐融合。寒食节是为了纪念介子推而设立的，而清明节则是一个与农耕相关的节气，象征着生机与希望。后来，寒食节的禁火习俗与清明节的扫墓、祭祖习俗相结合，形成了如今我们所熟知的清明节。

第二节　节日文化内涵

清明节是二十四节气之一，也是重要的传统节日之一。它标志着春季中期的到来，同时也体现了中国人对自然规律的尊重和对祖先的缅怀。清明节其文化内涵丰富，主要包括缅怀与追思、祭祖、生命教育和家国情怀四个方面，以下是对这四个方面的详细阐述：

一、缅怀与追思

清明节的核心内涵之一是对祖先的缅怀和敬重。清明节是人们缅怀先人、追思逝者的重要时刻。在这一天，人们会通过祭扫墓地、献花、上香、叩拜或鞠躬等方式，表达对逝去亲人的深切思念和感恩，这种对先人的追思不仅强化了家族纽带，也传承了优良的家风。同时，这种追思不仅限于自己的亲人，也包括对历史上的英雄人物和革命先烈的缅怀。如许多地方会在清明节举行公祭活动，纪念为国家和民族做出贡献的英雄人物。通过这些活动，人们在追忆中感受生命的脆弱与珍贵，同时也传承了家族和民族的记忆。

二、祭祖

祭祖是清明节的核心文化内涵之一，体现了中华民族对祖先的敬重和感恩之情。清明祭祖的习俗由来已久，据考古发现，早在旧石器时代晚期，岭南古人就已具有明确的有意识的墓葬行为和礼俗观念。在祭祖仪式中，人们清理墓地、摆放鲜花和祭品等，以此表达对先人的怀念与敬意。这种祭祖活动不仅强化了家族纽带，还传承了孝道精神，增强了家族成员之间的归属感和凝聚力，使得家族美德与精神得以代代相传。

三、生命教育

清明节是一个感悟生命、传承文化的特殊时刻，也是一个反思生命意义的时刻。在祭祖和追思的过程中，人们深刻体会到生命的有限与珍贵，从而更加珍惜当下，珍惜身边的人。同时，清明节也是家长向孩子传递"孝"道的重要时刻，通过共同参与祭祖和踏青等活动，孩子可以学习到尊重先祖、珍惜生命、热爱家庭的观念。此外，清明节的踏青活动，让人们在享受春日美景的同时，感受生命的延续与大自然的勃勃生机。这种对生命的感悟和教育，有助于人们树立正确的人生观和价值观。清明节既有祭祖、扫墓的庄重哀思，又有踏青、郊游的欢乐气氛，这种双重性体现了中国人对生死的豁达态度和对生命的热爱。

四、家国情怀

在现代社会，清明节不仅是家族祭祀的时刻，也是纪念革命先烈、弘扬爱国主义精神的重要时刻。清明节蕴含着深厚的家国情怀，将个人、家庭与国家紧密相连。在祭祖时，人们铭记家族的延续和责任，传承家族的美德和精神；在祭奠革命先烈时，人们怀着无比崇敬与感激的心情，表达对英雄们的追思和敬仰，生发爱国情怀和民族自豪感。这种家国情怀体现了中国人将个人命运与家庭、国家命运紧密相连的精神追求，它激励着人们为了家庭的幸福、家族的昌盛和国家的富强而努力进取，成为推动个人成长、民族进步和国家发展的强大精神动力。

综上所述，清明节的这四个文化内涵相互交织，共同构成了这一传统节日深厚的文化底蕴。通过缅怀与追思、祭祖、生命教育和家国情怀的传承，清明节不仅让人们铭记过去，更激励人们珍惜当下、展望未来。

第三节　节日习俗与传承

一、扫墓

清明节扫墓的习俗源于古代的墓祭活动。古人有祭祀祖先的习俗。据考古发现，早在周代，就有在墓地祭祀祖先的活动。当时的人们认为，祖先的亡灵会回到墓地，因此要在墓地举行祭祀仪式，以表达对祖先的怀念和敬意。寒食节是冬至后的第 105 天，人们在这一天禁火，吃冷食，以纪念介子推。到了唐代，寒食节逐渐与清明节融合，扫墓的习俗也逐渐成为清明节的重要内容。宋代朝廷规定从寒食节到清明节祭扫坟墓 3 日。明清时期，扫墓活动得到沿袭，延续至今。

在古代，扫墓的仪式非常隆重。人们会在清明节前准备好祭品，如酒、肉、水果等，然后前往墓地。在墓地，他们会清扫墓碑，清除杂草，然后摆放祭品，点燃香烛，进行祭拜。祭拜结束后，还会在墓地周围植树，以表达对祖先的怀念。

随着时代的发展，扫墓的习俗也发生了一些变化。现代扫墓更加注重精神内涵，人们会带着鲜花、水果等祭品前往墓地，祭拜的方式也更加文明、环保。除了传统的祭拜方式外，一些地方还会举行公祭活动，以纪念革命先烈和英雄人物。

二、踏青

踏青这种节令性的民俗活动源自远古农耕祭祀的迎春习俗。在古代，人们为了庆祝春天的到来和祈求丰收，会在春季举行祭祀活动，这种习俗逐渐演变成踏青。

上巳节原指三月上旬的一个巳日，旧时风俗因此日临水被除不祥，叫作"修禊"。曹魏以后，上巳节固定为每年的三月初三。上巳节的踏青习俗在魏晋南北朝时期因日期接近清明而与清明节融合，并逐渐演变成郊外踏青游春、水边宴饮赏春的节日。

清明节最初只是一个节气，后来融合了寒食节和上巳节的习俗，形成了如今的清明节。踏青作为上巳节的重要内容，也逐渐成为清明节的重要习俗之一。

踏青风俗至唐宋尤盛。据《旧唐书》记载："大历二年二月壬午，幸昆明池踏青。"可见，踏青春游的习俗在唐代已经非常流行。唐代诗人王维在《寒食城东即事》中写道："少年分日作遨游，不用清明兼上巳。"说明唐代时上巳节的踏青习俗已经融入清明节。宋代的清明节，人们不仅扫墓、祭祖，还会在郊外踏青、游玩，享受春日的美景。明清时期，清明节的踏青习俗更加丰富多样。人们在踏青时会进行各种活动，如放风筝、荡秋千等。这些活动不仅增加了踏青的乐趣，也体现了人们对生活的热爱和对自然的亲近。

现代社会，踏青依旧是清明节的重要习俗之一。人们会在清明节放假期间到郊外、公园等地踏青游玩，欣赏春天的美景，放松身心。同时，一些地方还会举办各种文化活动，如清明文化节等，以传承和弘扬传统文化。

1. 荡秋千

荡秋千的起源可以追溯到上古时期，当时的人们为了获取高处的食物，常常利用藤条的摇荡、摆动来上树或跨越沟涧，这便是秋千的雏形。据文献记载，秋千最早起源于北方山戎族，是一种军事训练工具，用于提高士兵的平衡感和身体协调能力。后来，齐桓公北伐山戎，将秋千带回中原，逐渐演变为一种娱乐活动。

最初，秋千只是简单的藤条或绳索，后来发展为用两根绳索加上踏板的形式。到了汉代，秋千成为宫廷和民间广泛流行的娱乐活动。唐代时，荡秋千成为清明节的重要习俗，被称为"半仙之戏"，深受妇女喜爱。到了宋、明、清三代，荡秋千的活动更加普及，甚至被定为"秋千节"。如今，荡秋千不仅是一种传统的娱乐活动，还被纳入体育竞技项目，如秋千比赛，包括单人、双人和团体赛等形式。

清明节正值春暖花开之际，荡秋千象征着春天的到来，表达了人们对生命的热爱和对春天的向往。荡秋千不仅可以锻炼身体，增加胆量，还能舒展心情，释放压力，是一种深受大众喜爱的娱乐活动。

2. 放风筝

风筝起源于中国，已有两千多年的历史。最早关于风筝的记载可以追溯到东周春秋时期，相传墨翟用木头制成木鸟，研制三年而成，这是人类最早的风筝。后来，鲁班用竹子改进了风筝的制作工艺。风筝最初是作为一种军事工具，用于传递信息、侦察敌情等。如楚汉相争时韩信曾用风筝传递信息。到了唐代，风筝逐渐从军事用途转向娱乐用途，成为宫廷和民间广泛流行的娱乐工具。宋代时，放风筝成为一种锻炼身体的方式。人们认为在清明节放风筝，可以带走霉运。如今，风筝不仅是一种传统的娱乐活动，还发展成一种竞技类体育项目，包括软翅串、硬翅串等竞赛项目。风筝的制作工艺也更加精细，出现了各种形状和大小的风筝，如龙形风筝、虫形风筝等。

清明节放风筝时，人们会将自己知道的所有灾病都写在风筝上，等风筝放高时，就剪断风筝线，让风筝随风飘逝，象征着自己的疾病、秽气都让风筝带走了。

放风筝作为清明节的重要习俗之一，承载着中华民族的文化传统和历史记忆，是文化传承的重要方式。它不仅是一种传统的娱乐活动，更是一种文化传承和祈福祛病的方式，体现了人们对美好生活的向往和对传统文化的尊重。

3. 蹴鞠

蹴鞠起源于春秋战国时期的齐国故都临淄，距今已有两千三百多年的历史。当时，蹴鞠主要是一种军事训练活动，用于提高士兵的体能和作战技能。据《史记·苏秦列传》记载，临淄的百姓们热衷于蹴鞠活动，可见其在当时已经相当流行。

蹴鞠在汉代得到了进一步发展，成为宫廷和民间广泛流行的娱乐活动。汉代的蹴鞠场地为长方形，四周有围墙，两端设有球门，比赛规则较为完善。唐代是蹴鞠发展的鼎盛时期，鞠的制作工艺有了显著的改进。鞠由实心球变为充气球，球体更轻，弹性更好，增加了比赛的趣味性和观赏性。蹴鞠在唐代不仅是一种娱乐活动，还被用于外交场合，展现了大唐的繁荣与开放。蹴鞠在宋代继续流行，出现了专门的蹴鞠社团和比赛规则。宋代的蹴鞠活动更加注重技巧和表演性，出现了"白打"等非对抗性玩法。蹴鞠在明清时期逐渐走向衰落，但在民间仍有一定的影响力。

2006 年 5 月 20 日，蹴鞠作为非物质文化遗产，经国务院批准，列入第一批国家级非物质文化遗产名录。

蹴鞠最初是一种军事训练活动，用于提高士兵的体能和作战技能。后来，蹴鞠作为一种体育活动，具有很强的娱乐性和竞技性，深受各阶层人士喜爱。蹴鞠是中国古代文化的重要组成部分，体现了中国古代人民的智慧和创造力。

总之，蹴鞠作为中国古代重要的体育活动和文化传统，不仅具有重要的历史价值，还对现代足球运动的发展产生了深远的影响。

三、植树

植树的民俗源于丧葬习俗。早在西周时期，封建统治者便开始在坟头栽种树木，作为显示地位的一种标志。到了春秋时期，民间才开始仿照统治者的行为在坟头植树，而此时的植树也只是作为祖坟的一种标志而存在。据《礼记》记载，孔夫子曾为辨认祖坟，在其父母坟头种植松柏。

相传西汉初期，汉高祖刘邦因多年在外征战，无暇回故乡，直到他做了皇帝之后，才回乡祭祖，竟一时找不到父母的坟墓。后在群僚的帮助下，才在乱草丛中找到一块破旧的墓碑。于是，他便命人修坟、立碑，并植以松柏作为标记。恰巧这天正是二十四节气中的清明，刘邦便根据儒士的建议，将清明定为祭祖节。此后，每逢清明，他都要荣归故里，举行盛大的祭祖、植树活动。后来，此习俗在民间广泛流传，人们便将清明祭祖与植树结合在一起，逐渐形成了一种固定的民俗。

到了唐代，清明踏青与插柳的民俗十分盛行。所谓插柳，原指人们身上插戴柳枝的一种行为，但在田野踏青和坟茔祭祖的过程中，人们往往会将柳枝往坟头或地上一插，柳便成活了，无意中也起到了植树的作用。

1915 年，在孙中山的倡议下，将每年的清明节定为植树节，举行植树节典礼并植树。不过，到了 1928 年，植树节被改为孙中山先生逝世纪念日（3 月 12 日），清明节作为植树节的历史就此终止，但仍有一些地方保留了清明植树的做法。

1979 年起，每年 3 月 12 日为我国的植树节。尽管清明节不再被定为植树节，但清明植树的习俗依然在一些地方延续，人们在清明节前后植树造林，为保护生态环境贡献力量。

清明节植树与祭祖、扫墓密切相关，植树被视为对祖先的一种纪念和敬意。在坟头植树，既是一种标识，也寓意着家族的延续和生命的传承。

关于清明戴柳、插柳的习俗有多种说法。一种说法是为了纪念教民稼穑耕作的祖师神农氏，后来由此发展出祈求长寿的意义；另一种说法与介子推有关，晋文公赐老柳树为"清明柳"；还有一种说法是唐太宗给大臣柳圈，以示赐福、驱疫。

　　清明时节，春阳照临，春雨飞洒，是万物复苏、生机勃发的季节，非常适合植树造林。此时种植树苗成活率高、成长快，有利于农业生产和生态环境的改善。植树造林是保护环境、改善生态的重要举措。清明节植树的习俗，体现了人们对自然的热爱和对生态环境的重视，有助于增强全民的环保意识，推动环境的可持续发展。

第六章　中国主要传统节日之端午节

农历是以地支纪月，正月建寅，二月为卯，顺次至五月为午，因此，农历五月初五叫做"端午节"。因其时正值夏季之中，太阳正合于正阳的位置，因此，也称"端阳节"。因端午节为农历五月初五，五五相重，因此，也叫"重五节"。端者，初也。我国古代称初一为"端一"，初二为"端二"，以此类推，初五为"端五"，因此，也叫"端五节"。

2009年9月，联合国教科文组织正式将端午节列入"人类非物质文化遗产代表作名录"，端午节成为中国首个入选世界非物质文化遗产的节日。端午节与春节、清明节、中秋节并称为中国民间四大传统节日。

端午节的起源有三种说法：一说因古代吴越民族在农历五月初五举行龙图腾祭祀仪式，还有龙舟竞渡和投粽入江的习俗；一说因战国时期楚国诗人屈原在农历五月初五抱石投江自尽，为了纪念爱国诗人屈原，将此日定为端午节；一说因纪念东汉孝女曹娥救父投江。虽然说法不一，但是食粽子与赛龙舟是端午节的两大传统习俗，传承至今。

第一节　节日起源与传说

一、端午节的起源与演变过程

（一）起源

有关端午节的起源有很多种说法，从相关资料来看，流行较为广泛的说法主要有三种。

1. 纪念屈原说

据《史记·屈原贾生列传》记载，屈原是战国时期楚国人，早年受楚怀王信任，任左徒、三闾大夫，主张举贤任能、修明法度、联齐抗秦，后遭贵族排挤、诽谤，被流放。前278年，楚国郢都被秦军攻破。屈原得知消息后，悲痛欲绝，于农历五月初五投汨罗江自尽。百姓听闻此消息，纷纷划船打捞他的尸体，同时将准备好的粽子投入江中，让鱼虾吃饱后，不再啃食屈原的身体。此后，每逢农历五月初五，就有了吃粽子的习俗，以此来纪念爱国诗人屈原。

2. 龙图腾祭祀说

《闻一多全集》收录的"端午考"和"端午节的历史教育"两篇论文详细论证了端午节是我国古代长江中下游地区的百越民族在五月初五这天举行龙图腾祭祀活动的日子。百越民族崇拜龙，以此为图腾，他们在赛龙舟之前会将粽子投入水中祭祀龙神。这就是流传至今的端午节吃粽子和赛龙舟的习俗由来。

3. 纪念伍子胥说

伍子胥是春秋时期楚国人，因父兄被楚王杀害，他逃到吴国，帮助吴国伐楚，五战而入楚都郢城。吴王阖闾死后，夫差继位。伍子胥建议彻底消灭越国，但夫差不听。他听信谗言，赐伍子胥自尽，还命人将伍子胥的尸体装在皮革里，于五月初五投入大江。百姓为了保护伍子胥的身体，向江中投入粽子喂鱼。据说伍子胥死后被封为"涛神"，钱塘江潮是因为他的怨怒而起，因此称为"子胥涛"。此外，东汉邯郸淳在《曹娥碑》中提到，每年农历五月初五，浙江上虞一带的人们会迎涛而上，迎接"伍君"，即伍子胥。

（二）历史演变过程

1. 先秦时期

端午节起源于古代长江中游以龙为图腾的百越民族，他们每年在农历五月初五举行盛大的"图腾祭"，以表示其"龙子"身份。此外，战国时代，人们已把五月初五视为"恶月""恶日"，认为此日不吉利。有观点认为端午节最初与夏至有关，夏至是一年阳气最盛、白天最长的一天，民间将其转换为端阳节来过。

2. 秦代

秦代国家统一后，南北的经济、文化交流使得南北地区的风俗习惯互相融合，端午节在南北风俗融合的基础上逐渐形成，但主要以避恶为主。

3. 汉代

汉代是中国统一后第一个大发展时期，朝廷为了方便过节，规定每年的端午节改为农历五月初五。两汉时的端午风俗主要以避恶为主，人们会采取一些措施来驱邪避疫。

4. 魏晋南北朝

由于战争频繁，人们饱尝战乱之苦，最重视的端午习俗是"辟兵缯"，用五色丝染练制成各种形状，上刺文绣、金缕，称为辟兵缯，也叫长命缕或续命缕。端午节被赋予了纪念历史人物的内容，如纪念屈原、伍子胥、曹娥等。

5. 隋唐时期

隋唐时期，端午节的风俗活动大多演变为节日娱乐活动，充满了节日的欢乐。唐代端午龙舟竞渡尤为鼎盛，经济繁荣和社会稳定使得这一活动成为节日的重要组成部分。

6. 宋代

宋代以后，端午节许多风俗有了新变化，如贴天师符、和泥制作张天师像等。端午节风俗被辽、金两国吸收，出现了拜天之礼、射柳之俗及击鞠的娱乐活动。

7. 明清时期

明代吸收了金人射柳之风俗，北方出现了剪柳之戏等。明代把端午节又称"女儿节"，家里会为女儿梳妆打扮一番，已经出嫁的女儿也可以回家过节。《帝京景物略》云："五月一日至五日，家家妍饰小闺女，簪以榴花，曰'女儿节'。"明清时期，南方龙舟竞渡成为轰动一时的盛举，竞渡规模历时经月。据《武陵竞渡略》记载，龙舟竞渡已不限于端午一天，而是"四月八日揭篷打船，五月一日新船下水，五月十日、十五日划船赌赛，十八日送标讫，便拖船上岸"。

8. 近现代

2006 年 5 月 20 日，端午节民俗经国务院批准列入第一批国家级非物质文化遗产名录。2009 年，端午节成为中国首个入选世界非物质文化遗产的节日。

二、有关端午节的传说与典故

（一）传说：青英挂菖蒲

端午节有挂菖蒲的习俗，这种做法从何而来呢？

很久以前，有一个穷秀才，他的妻子叫青英。青英口才好，还会吟诗作对。有一年，年景不好，地里的草长得很高，庄稼却长不好。五月初四这天，青英看丈夫还没有回家，明天是端午节，又是自己的生日，可是家里一贫如洗，怎么才能让这个节过得热闹一些呢？她走出屋子，来到院子里，突然看见家里种的药草——菖蒲，长势喜人，一片翠绿。青英心想：不如挖几棵菖蒲，挂在大门上。说干就干，她拿着锄头挖了几棵菖蒲，把它们洗干净，挂在了大门上，感觉门庭充满了生机、喜气。她触景生情，取出文房四宝，在红纸上写了一首诗，贴在了大门旁边。诗是这样写的："自嫌薄命嫁穷夫，明日端阳祭礼无。莫叫良辰错过去，聊将清水洗菖蒲。"

下午的时候，秀才回到家，看到大门旁边妻子写的诗，非常惭愧，觉得对不住自己的妻子，就往村外走。突然，他一抬头，看见一头老牛在田边吃草，周围一个人也没有。他想：不如把牛牵到集市上卖掉，弄点儿钱回家，好让妻子高兴。秀才不管三七二十一，牵了牛就往前走。可是才走不到半里路，牛主人就追赶上来，把他抓住，送去见知县。

知县问秀才："你为何青天白日偷牵牛？"秀才无可奈何，就把自己的妻子如何贤德、家境如何贫困，一五一十地告诉了知县。知县听了，不相信一个乡下的女子会作诗，就派人传秀才的妻子来。青英到了公堂之上，知县问她："你家大门旁的诗是你写的吗？"青英急忙跪下回答："大人在上，诗正是民女所作，未知触犯何法？"知县摸了一下胡须，沉思片刻，便对青英说："你作诗，不犯法。只因你丈夫偷牵牛，被人抓来见本县，你看要如何判处?"青英听后，泪如泉涌，马上表态："相公知法犯法，理应重判!"

知县点了一下头，对她说："妇人言之有理! 本县看你是弱女子，丈夫坐牢，今后你要如何度日? 既然你会作诗，本县命你再作七绝一首。如成，本县就赏你白银五十两，给你回家去度日。"

青英一听，急忙点头答应。她取过笔墨纸张，略加思索，当场就写了这样四句:

滔滔黄水向东流，难洗今朝满面羞。

自笑妾身非织女，郎君何事效牵牛?

知县看了，哈哈大笑，说："你虽然不是织女，但本县判你丈夫坐牢，你夫妻二人不就成了牛郎织女吗?"知县说着，就叫人取出五十两银子，赏给青英，还叫他们二人快回家。

青英因家境贫寒，端午节挂菖蒲，没想到竟得到如此好运。此事传开后，每年端午节，大门上挂菖蒲的人家越来越多，以后广为流传，逐渐形成了一种民俗。

(二)传说: 端午节挂艾草的由来

唐朝末年，黄巢领导的农民起义军攻占中原地区，正值端午节。当地的官员为了牵制起义军，制造恐慌，放出谣言称"黄巢隔山摇刀，人头落地"，动员老百姓离开此地，这一举动被称为"走黄巢"。

当天，黄巢看见逃难的队伍中，有一个妇人与别人不同，别人都是把年纪小的孩子抱在怀里，牵着年纪大的孩子。但是，这个妇人背上背着一个年纪大的孩子，手里牵着一个年纪小的孩子。黄巢觉得很奇怪，于是走过去，拦下妇人，问她："你为什么背着大的孩子，牵着小的孩子呢?"妇人告诉黄巢，年纪大的孩子是自己大哥的儿子，小的是自己的孩子。如果情况危急，只能保住一个孩子的话，因为大哥、大嫂都已经不在了，自己必须保住大哥唯一的血脉。黄巢听后很感动，告诉她:"你在危难之时，还能行忠义之事，已破'黄巢之刀'。其实，你只要在家门口插上艾草，表示你家是忠义之家，黄巢的军队就不会伤害你了。"

妇人听了这个人的话，回到家里，在家门口插上艾草，并告诉其他人，插艾草可以破"黄巢之刀"。由于妇人平时善良，多行善事，大家都相信她的话，纷纷在自家门口插上艾草。

起义军路过这个地方时，看到插艾草的人家，就不会去打扰。这件事逐渐传开，人们认为插艾草可以保平安。从此，端午节挂艾草的习俗便流传下来。

（三）典故：端午节起源说——纪念伍子胥

端午节是为了纪念春秋时期的吴国大夫伍子胥的说法主要流传于江浙地区。

伍子胥，名员，是春秋时期的楚国人，他的父亲和兄长都被楚平王杀害。伍子胥后来逃到了吴国，帮助吴王阖闾讨伐楚国，经过五次征战，进入楚国都城郢城，楚国战败。此时，杀死伍子胥父兄的楚平王已死。于是，伍子胥将其尸体从坟墓中挖出，用鞭子抽打，为其父兄报仇。

吴王阖闾去世后，夫差继位。当时的吴国军队百战百胜，攻打越国时，越王勾践求和。伍子胥建议夫差彻底消灭越国，夫差不听，和越王讲和了。后来，越王派人行贿，陷害伍子胥。结果，吴王夫差听信谗言，赐伍子胥自尽。伍子胥死前，希望能将自己的眼珠挖出来悬挂在城门之上，他要看着越国的军队灭了吴国。夫差听后，大怒，命人将伍子胥的尸体装在皮革里，于五月初五扔到了江里。伍子胥的尸体沿着大江漂到了现在的胥口。胥口的老百姓为了纪念这位吴国的忠臣，为他修建了庙堂。

此后，吴地百姓为了纪念伍子胥，将五月初五定为端午节，并通过划龙舟、投粽子等方式来祭奠他。东汉邯郸淳在《曹娥碑》中提到，每年农历五月初五，浙江上虞人民会迎涛而上，迎接"伍君"，即伍子胥。这种说法在江浙地区流传甚广，苏州等地至今仍有纪念伍子胥的端午习俗。

（四）典故：五月初五出生的孟尝君

孟尝君是齐国人，本名叫"田文"，他出生于农历五月初五，正是端午节。在古代，人们普遍认为农历五月是"毒月"，五月初五被认为是"恶日"，认为这一天出生的孩子会给父母带来不祥，甚至会克死父母。因此，孟尝君的父亲田婴命令他的母亲将他抛弃。然而，孟尝君的母亲不忍心，偷偷地将他抚养长大。

　　长大后的孟尝君被母亲带到田婴面前。田婴质问其母为何没有抛弃他，孟尝君则反问父亲为何不让养育五月出生的孩子。田婴回答说："五月子者，长与户齐，将不利其父母。"孟尝君反驳道："人的命运是由上天授予呢？还是由门户授予呢？如果是由上天授予的，您何必忧虑呢？如果是由门户授予的，那么只要加高门户就可以了，谁还能长到那么高呢？"田婴无言以对，最终接受了孟尝君。

　　孟尝君长大后，凭借自己的智慧和才能，成为战国时期著名的政治家，以"善于养士"著称，门下食客三千。他不仅没有给父母带来灾难，反而继承了父亲的爵位，成为齐国的相国，成就了一番伟业。他的故事为端午节增添了一份传奇色彩，也提醒人们命运掌握在自己手里，不要被迷信所束缚。

第二节　节日文化内涵

　　端午节是重要的传统节日之一，其文化内涵丰富，主要包括自然与人文的融合、爱国主义精神以及集体主义与竞技精神，以下是对这三点文化内涵的详细阐述：

一、自然与人文的融合

　　端午节的习俗体现了中华民族对自然的敬畏和顺应，同时也蕴含着深厚的人文关怀。

　　端午节是自然节气与人文精神的结合。端午节是农历五月初五，正值仲夏时节，天气湿热，蚊虫滋生，瘟疫容易流行。因此，古人将端午视为"恶月、恶日"，采取各种措施来驱邪避疫。如人们会在门口悬挂艾草和菖蒲，这些植物具有驱虫和防疫的作用。此外，端午节还有饮雄黄酒、佩戴五彩丝等习俗，这些活动都体现了古人顺应自然规律、敬畏自然的智慧。

端午节的许多习俗都与自然紧密相连。如赛龙舟是一项在自然水域中进行的竞技活动，不仅锻炼了人们的身体，也增强了人与自然的互动。此外，粽子的制作也体现了对自然的利用，粽叶取自自然，糯米和馅料也都是自然的馈赠。

端午节的习俗不仅是为了应对自然环境，还承载着丰富的文化内涵。如端午节的许多习俗都与龙图腾崇拜有关，体现了中华民族对自然和祖先的敬畏。

二、爱国主义精神

端午节与爱国诗人屈原的故事紧密相连，体现了中华民族崇尚爱国主义精神。

屈原是战国时期楚国的伟大诗人，因忠诚于国家而遭排挤，最终在汨罗江投江自尽，他的爱国情怀和高尚人格成为后人敬仰的楷模。为了纪念屈原，人们在端午节这一天举行各种活动，如赛龙舟、包粽子等。这些活动不仅是对屈原的缅怀，更是对他爱国精神的传承。

屈原的爱国情怀激励着后人，端午节也因此成为表达爱国情感的重要节日。这种家国情怀不仅体现在对屈原的纪念中，还体现在对国家和民族的责任感和使命感上。在现代社会，端午节的爱国主义精神依然具有重要的现实意义，激励着人们为国家的繁荣富强而努力奋斗。

三、集体主义与竞技精神

端午节的许多习俗都体现了集体主义和竞技精神，增强了社会凝聚力和团队合作意识。

赛龙舟是端午节最具代表性的活动，它不仅是一项传统的竞技体育活动，还体现了集体主义精神。赛龙舟需要多人协作，只有队员们齐心协力，才能使龙舟快速前行。这种团队合作的精神不仅增强了队员之间的凝聚力，也体现了中华民族的集体主义价值观，在现代社会中仍具有重要的意义。端午节的文化内涵融合了多种文化元素。一方面，它与龙图腾崇拜有关，如赛龙舟活动，体现了对龙的崇拜和对自然力量的敬畏。另一方面，赛龙舟还融入了现代体育竞技的元素。同时，通过学校和社区的活动，端午节的文化内涵得以在年轻一代中传承。

　　端午节期间，各地还会举办各种社区活动，如包粽子比赛、诵读《离骚》等。这些活动不仅丰富了人们的生活，还增强了社区的凝聚力和归属感。人们通过参与这些活动，感受到集体的力量和温暖，进一步弘扬了集体主义精神。

　　综上所述，端午节的自然与人文融合、爱国主义精神以及集体主义与竞技精神，共同构成了这一传统节日深厚的文化内涵。这些文化内涵不仅体现了中华民族的传统美德，也为现代社会的发展提供了宝贵的精神财富。

第三节　节日习俗与传承

一、吃粽子

　　粽子最早用于祭祀祖先和神灵。早在春秋时期，人们就会用菰叶包裹黍米做成牛角状，称为"角黍"，或者用竹筒装米密封烤熟，称为"筒粽"。相传战国时期，屈原投江后，人们为防止鱼虾啃食其遗体，用竹筒装米投入江中祭祀，这就是最早的"筒粽"。

　　汉代，据说长沙人区回梦见屈原，得知蛟龙害怕艾叶和五色丝线。于是，人们用艾叶包裹糯米，再用五色丝线捆扎，投入江中祭祀，后来逐渐演变为端午节的习俗。最早有文字记载的粽子见于晋周处的《风土记》。晋代，粽子被正式定为端午节食品。粽子品种增多，除了包裹糯米外，人们还会添加中药益智仁，并将粽子称为"益智粽"。唐代韦巨源《食谱》记载，历史最悠久的粽子则是蜂蜜凉粽子。当时，粽子的形状有锥形、菱形等，粽子还传入日本。到了宋朝，民间开始出现将蜜饯放入其中的"蜜饯粽"，还出现了用粽子堆成亭台楼阁的造型进行广告宣传，可见吃粽子已成为一种时尚。元、明时期，粽子包裹料从菰叶变为箬叶、芦苇叶，加入的馅料也更加丰富，品种增多。明清时期出现了"火腿粽子"等新品种。粽子成为吉祥食品，如"笔粽"寓意"必中"，多为考生食用，意为讨个好彩头。

现在，每年农历五月初五，中国人家家户户都要浸糯米、洗粽叶、包粽子。粽子的形状多样，主要有尖角状、四角状等。不同地区有不同的风味，北方多为甜味，如北京枣粽；南方多为咸味，如广东咸肉粽、浙江嘉兴粽子。粽子谐音"中子"，民间有吃了"粽子"能得儿子的说法。此外，粽子还象征着团圆与亲情。

二、赛龙舟

赛龙舟又称"扒龙舟"，是多人集体划桨竞赛项目，是端午节主要的节日民俗活动之一。

赛龙舟的起源有多种说法。一种说法是为了纪念屈原。相传屈原投江后，楚国百姓划船追赶，希望救回他，但未能成功。此后，每年农历五月初五，人们通过划龙舟纪念屈原，并驱散江中的鱼虾，防止它们啃食屈原的遗体。

在战国时期，龙舟竞渡已经存在。当时，人们划着雕刻成龙形的独木舟，在急鼓声中竞渡，既是娱神，也是娱人，属于祭祀仪式中半宗教性、半娱乐性的节目。

汉代，龙舟竞渡逐渐成为一种民间活动，与祭祀屈原等先贤的仪式相结合。唐宋时期，赛龙舟的娱乐性增强。在宋代，江浙一带的龙舟竞渡已带有表演性质，讲究动作技巧，现场气氛热烈。明清时期，岭南地区将龙舟竞渡分为"游龙"和"赛龙"，前者注重竞美，后者注重竞速，活动的观赏性和娱乐性进一步提升。

现代，赛龙舟已发展成为一项国际性的体育赛事，被列入中国国家体育比赛项目，并在 2010 年成为广州亚运会正式比赛项目。2011 年 5 月 23

日，赛龙舟经国务院批准列入第三批国家级非物质文化遗产名录。

赛龙舟作为一项传统习俗，承载着丰富的文化内涵，有助于传承和弘扬中华民族的优秀传统文化。

三、挂艾草与菖蒲

端午节正值仲夏，天气炎热，蚊虫滋生，疫病易发。古人认为艾草和菖蒲具有招福、辟邪的作用，艾草可以招百福，菖蒲的叶子形状似剑，被称为"水剑"，可以"斩千邪"。同时，艾草和菖蒲具有特殊的香气，可以驱除蚊虫、净化空气，从而起到避疫的作用。据《荆楚岁时记》记载，端午节当天，人们会在鸡未鸣、太阳未出之时采集艾草，捆绑成人形，挂在门上以驱邪避疫，祈求家人身体健康、平安。

艾草和菖蒲一般挂在大门两边或门楣上，也可以悬挂在堂中。有说法称，挂艾草要"挂早不挂晚、挂双不挂单、挂倒不挂顺"，以祈求平安。采摘艾草时，应选择植株笔直、强壮、叶片密集的艾草，这样的艾草生命力旺盛，驱虫效果更好。避免采摘矮小或干枯、发蔫的艾草。挂过的艾草和菖蒲可以用于泡脚、洗澡，也可以点燃，驱赶蚊虫。

挂艾草和菖蒲的习俗承载着丰富的文化内涵，是中华民族传统文化的重要组成部分。通过这一习俗，人们传承和弘扬了古老的节日文化。

四、饮雄黄酒

在中国传统文化中，端午节被认为是"恶月、恶日"，此时天气炎热，蚊虫滋生，疾病容易流行。古人认为雄黄是一种具有辟邪、祛毒功效的药材，有一定的药用价值，可以用于治疗一些皮肤疾病等，人们希望通过饮用雄黄酒来预防夏季常见的疾病。因此，在端午节饮用雄黄酒，以期驱除邪气、预防疾病。另外一种说法与《白蛇传》的传说有关。传说白娘子在端午节喝了雄黄酒后现了原形，这使得人们更加相信雄黄酒的辟邪作用。因此，端午节饮用雄黄酒的习俗得以广泛传播。

古人将雄黄研磨成粉末，放入酒中，搅拌均匀后饮用。不过，由于雄黄含有砷等有毒成分，现代医学认为直接饮用雄黄酒存在一定的健康风险。因此，这一习俗在很多地方已经逐渐淡化。在一些地区，人们会在端午节将雄黄酒涂抹在小孩的额头、耳后等部位，以起到预防疾病的作用。

总的来说，端午节饮雄黄酒的习俗反映了古人对自然和疾病的认知，以及对健康和平安的祈愿。

五、沐兰汤

沐兰汤是一种用草药煮成的水。这种草药水具有一定的药用价值，可以治疗一些常见的皮肤病。人们认为在端午节这天用草药水沐浴可以驱除邪气、预防疾病。

沐兰汤的习俗最早见于西汉末年的《大戴礼记》。其中的"兰"并不是现代的兰花，而是菊科的佩兰或具有香气的草药。端午节在古人心目中是"毒日"或"恶日"，古人认为此时容易生病、瘟疫流行，因此，通过各种方式来驱邪避疫。在一些地方，人们会用菖蒲草沾草药水，在双手、额头、脖颈等部位轻轻拂拭，以示驱除晦气。

虽然这一习俗在部分地区仍然保留，但在现代社会，由于生活方式的改变，沐兰汤的习俗已经不如过去普遍。不过，它仍然是端午节文化的重要组成部分，体现了古人对健康的追求和对自然的敬畏。

第七章　中国主要传统节日之中秋节

中秋节是中国传统节日之一，通常在农历八月十五这一天庆祝，因此也被称为"八月节""月夕""仲秋节"等。在这一天，月亮最圆、最亮，象征着团圆和美满。

中秋节的核心意义在于团圆和感恩。它不仅是家人团聚的时刻，也是对自然和祖先的感恩。在这一天，人们通过各种习俗表达对家人的思念和对生活的热爱。

中秋节的主要习俗包括赏月、吃月饼、拜月等。人们会在这天晚上赏月，欣赏圆圆的月亮，寓意团圆和美满。月饼是中秋节的传统食品，象征团圆。人们会和家人一起分享月饼，表达对家人的祝福。一些地方有拜月的习俗，祈求平安和幸福，孩子们会提着各种形状的灯笼玩耍，增添节日的欢乐气氛。

中秋节不仅是一个传统的节日，也是一个充满温情和希望的时刻，它提醒人们珍惜家人和朋友，感恩生活中的美好。

第一节　节日起源与传说

一、中秋节的起源与演变过程

中秋节是中国传统的重要节日之一，起源于古代对月亮的崇拜，经过漫长的历史演变，逐渐形成了丰富多彩的节日文化。以下是中秋节的起源及历史演变过程的详细介绍：

（一）起源

1. 起源于月亮崇拜

中秋节起源于古代对月亮的崇拜。古人将日月视为天地两大神灵，分别代表阴阳两极。月亮在古人心目中具有神秘而崇高的地位，因此，形成了祭月的习俗。早在《周礼》中就有关于"中秋夜迎寒""秋分夕月"的记载，说明古人很早就开始在秋季祭拜月亮。

2. 起源于庆祝农业丰收

中秋节还与农业社会的丰收庆典有关。秋季是农作物成熟的季节，古人为了庆祝丰收，会在农历八月十五这一天祭拜月亮，表达对自然的感恩和对来年丰收的祈愿。

3. 起源于神话传说

嫦娥奔月、吴刚伐桂等神话故事也为中秋节增添了很多浪漫色彩。这些传说反映了古人对月亮的神秘想象和美好向往，进一步丰富了中秋节的文化内涵。

（二）历史演变过程

中秋节最早可追溯至周朝，《周礼》中记载了周朝已有"仲秋之月，天子祀于太庙"的习俗，表明帝王在中秋月圆之时祭月已成为正式的祭祀活动。《礼记》中记载："天子春朝日，秋夕月。朝日以朝，夕月以夕。""夕月"就是拜月的意思。后来，贵族、官员和文人也开始效仿，这一习俗逐渐传入民间。汉代是南北各地经济与文化交流、融合的时期，这些都使得节日习俗更快速地传播开来。"中秋"一词最早见于汉代文献，成书于两汉之间的《周礼》中提到先秦时期已有"中秋夜迎寒""秋分夕月"的活动。

唐代，中秋节成为官方认定的全国性节日。《唐书·太宗记》记载有"八月十五中秋节"。当时，中秋赏月风俗极盛，许多诗人的名篇中都有咏月的诗句，并将中秋与嫦娥奔月、吴刚伐桂等神话故事结合起来，具有浪漫主义色彩。

北宋时期，中秋节已成为普遍的民俗节日，并正式定农历八月十五为中秋节。文学作品中出现了"小饼如嚼月，中有酥和饴"的节令食品——月饼，民间也出现了赏月、供月、吃月饼等习俗。

明清时期，中秋成为仅次于春节的第二大传统节日。明清两朝的赏月活动，"其祭果饼必圆"，各家都要设"月光位"，在月出方向"向月供而拜"。此外，还有舞草龙、砌宝塔等特殊习俗。

2006年5月20日，经国务院批准，中秋节被列入第一批国家级非物质文化遗产名录。自2008年起，中秋节被正式列为国家法定节假日。

中秋节从古老的祭月仪式逐渐发展为全民欢庆的节日，承载着丰富的文化传统和民族情感，至今仍然是中国重要的传统节日之一。

二、有关中秋节的传说与典故

（一）传说：嫦娥奔月

在远古时期，天空中出现了十个太阳，它们同时出现，炙烤着大地，导致庄稼枯萎、河流干涸，百姓生活困苦。为了拯救苍生，后羿挺身而出，他凭借高超的箭术，射下了九个太阳，只留下一个太阳，使大地重新恢复了生机。后羿因此成了一位伟大的英雄，受到人们的敬仰。

后羿的妻子名叫嫦娥，她美丽善良，温柔贤惠，深爱着后羿。后羿射下九个太阳后，从西王母那里得到了一粒不死药。这粒不死药有着神奇的力量，只要服下它，就能长生不老，升入仙界。

有一天，后羿外出打猎，家中只剩下嫦娥。后羿的徒弟逢蒙心怀不轨，闯入家中，企图抢夺不死药。嫦娥为了保护不死药不落入坏人之手，情急之下，一口吞下了不死药。嫦娥服下不死药后，身体变得轻飘飘的，不由自主地飞了起来。她飞出了窗户，越飞越高，最终飞向了月亮。

嫦娥飞到月亮后，发现那里是一个荒凉、冷清的地方，只有玉兔陪伴着她。她非常思念后羿和人间的生活，但已经无法回到人间。后羿回来后，发现嫦娥不见了，得知真相后，他悲痛欲绝，仰望天空，呼唤着嫦娥的名字。他看到月亮上有一个身影，仿佛是嫦娥在向他招手。后羿为了纪念嫦娥，每年的八月十五都会摆上嫦娥最爱吃的水果和点心，遥祭嫦娥。

嫦娥奔月的传说不仅是中国古代神话的重要组成部分，也是中秋节文化的重要象征之一。它传递了人们对美好生活的向往和对亲人团圆的渴望，成为中华民族文化宝库中的瑰宝。

（二）传说：吴刚伐桂

很久以前，有一个叫吴刚的人。他原本是一个很普通的人，但他总是贪玩，不好好做事。有一天，他犯了一个很大的错误，惹怒了天上的神仙。神仙们决定惩罚他，让他到月亮上去砍一棵桂花树。

吴刚被神仙送到月亮上，神仙告诉他："你必须把这棵桂花树砍倒，才能回到人间。"吴刚觉得这很简单，就答应了。

吴刚开始砍树，他用斧头砍呀砍，桂花树的枝叶纷纷落下。可是，每当他停下来休息一会儿，桂花树就会神奇地长回来，变得和原来一样。吴刚很奇怪，但他没有放弃，继续砍。

不管吴刚怎么努力，桂花树总是砍不倒。他砍了一天又一天，一个月又一个月，甚至一年又一年，桂花树还是那么高大。吴刚很累，但他没有办法，只能一直砍下去。

吴刚虽然很累，但他没有放弃。他每天都在月亮上砍桂花树，渐渐地，他成了月亮上的一个"守护者"。人们在地球上抬头看月亮，总能看到吴刚在月亮上砍树的身影。

吴刚伐桂的故事在中国流传很广，人们常常在中秋节的时候讲这个故事。它不仅是一个有趣的神话，而且提醒我们要珍惜生活，努力做好每一件事。

（三）典故：八月十六过中秋

明朝中期，东南沿海的倭寇频繁侵扰，烧杀抢掠，百姓苦不堪言。民族英雄戚继光受命抗倭，他率军多次与倭寇作战，取得了辉煌的胜利。

嘉靖年间，倭寇得知中秋节时戚家军可能会放松警惕，于是计划在八月十五偷袭戚家军驻地。戚继光得知倭寇的计划后，决定将计就计。他安排军队在中秋夜设下埋伏，等待倭寇上钩。八月十五当晚，倭寇果然来袭，却中了戚继光的埋伏。戚家军大获全胜，将倭寇打得落花流水。由于八月十五当晚忙于战斗，戚继光和军民们决定在八月十六晚上共同庆祝胜利，并补过中秋节。后来，这一习俗在当地流传下来，形成了八月十六过中秋的独特风俗。

　　这个故事展现了戚继光的智谋和勇猛，以及军民一心抗击外敌的决心和勇气。同时，也解释了部分地区八月十六过中秋的习俗由来。

第二节　节日文化内涵

　　中秋节是中国重要的传统节日之一，其文化内涵丰富，主要包括团圆之意、祭祀文化传承、丰收的喜悦以及文化活动的丰富性。以下是对这四个方面文化内涵的详细阐述：

一、团圆之意

　　中秋节的核心主题是团圆，月亮的圆满也寓意着人间的团圆。在这一天，无论人们身在何处，都会尽可能地回到家中，与家人团聚，共享天伦之乐。这种团圆观念源于中国古代的家族观念和亲情观念。如在古代农耕社会，家庭是重要的生产单位，人们依靠家庭成员共同劳作来维持生计。因此，家庭成员之间的紧密联系和团聚是社会稳定的基石。像苏轼的《水调歌头·明月几时有》中"但愿人长久，千里共婵娟"的名句，就表达了即使不能和亲人团聚在一起，也希望能共享这美好的月光，寄托了对团圆的深切渴望。这种团圆的文化内涵不仅体现在家庭层面，还扩展到了社会层面，成为增强社会凝聚力和民族认同感的重要方式。如许多家庭会在中秋节的晚上一起赏月、吃月饼，这些活动象征着家庭的团圆和幸福。

二、祭祀文化传承

　　自古以来，中秋节就有祭月的习俗，祭祀文化是中秋节的重要组成部分。月亮在古代被视为重要的自然神灵之一，人们认为月亮的盈亏变化会影响农作物的收成、天气的变化等诸多方面，古代帝王有春天祭日、秋天祭月的礼制，民间也有中秋祭月的活动。人们会在庭院中摆上香案，供上月饼、瓜果等祭品，祈求月亮神的庇佑，祈求风调雨顺、五谷丰登。这种祭祀活动体现了人们对自然的敬畏和对祖先的感恩之情。这种祭祀文化不仅传承了古代的宗教信仰，还融入了对祖先的纪念和对家族传统的尊重。

三、丰收的喜悦

中秋节通常在秋季中期，此时正是农作物成熟与收获的季节，也承载着庆祝丰收的意义。在古代，人们在劳作了一年之后，收获了粮食、瓜果等农作物，会在中秋节举行"秋报"活动，感谢神灵的护佑，庆祝丰收。在现代，人们仍然会在中秋节享用各种时令水果和食品，如芋头、花生、西瓜、苹果、柚子等，以"尝新"的方式庆祝丰收。如在一些农村地区，人们会用新收获的农作物制作美食来庆祝节日。如用新收的麦子磨成面粉制作月饼，用新鲜的水果作为祭月的供品等，这些都反映了人们对劳动成果的珍视和庆祝丰收的欢乐心情。此外，中秋节的一些农事谚语也为农业收成提供了预测，如"七月十五定旱涝，八月十五定收成"。

四、文化活动的丰富性

中秋节期间，各种文化活动丰富多彩，包括传统的赏月、吃月饼、祭月等活动，还融入了现代元素，如举办灯会、诗会、茶会等。这些活动不仅丰富了人们的节日生活，还增强了节日的文化氛围，促进了文化的传承。如赏月时，人们会吟诵古代文人墨客描写月亮的诗词，像李白的"床前明月光，疑是地上霜"等，这些诗词在代代相传的吟诵中，让人们对传统文化有了更深入的了解。同时，中秋节也是文化交流的时刻，在不同的地区，人们会将本地的特色文化融入节日活动中，如各地的月饼制作工艺各有不同，有广式月饼、苏式月饼、京式月饼等，这些不同风格的月饼制作技艺体现了地域文化的差异和交流。许多地方会在中秋节举办赏月茶会，让社区居民共同参与，增进邻里关系。此外，现代科技手段的加入，如直播和短视频平台，也让中秋节的文化活动更加丰富多彩。

　　总的来说，中秋节的团圆之意、祭祀文化传承、丰收的喜悦以及丰富的文化活动，共同构成了这一传统节日深厚的文化内涵，使其成为中华民族重要的文化遗产之一。

第三节　节日习俗与传承

一、中秋祭月

　　中秋祭月是中国古代重要的传统习俗之一，它体现了人们对月亮的崇拜和敬畏，以及对自然的感恩之情。

　　祭月的习俗源自古代的天象崇拜。古人将月亮视为重要的自然神灵之一，认为月亮的圆缺变化与农业生产、季节更替密切相关。因此，他们会在特定的时间举行祭月仪式，以祈求丰收、平安和幸福。

　　在古代，祭月活动最初是在"秋分"这一天举行的，因为秋分是秋季的中间点，昼夜平分，象征着平衡与和谐。后来，由于历法的调整，祭月活动逐渐固定在农历八月十五，即中秋节这一天。

　　祭月仪式通常在中秋节的晚上进行，一般选择在月亮升起后，月光最明亮的时候。场所通常选择在户外的庭院、广场或高台上，以便更好地观赏月亮。人们会在场所内摆上供桌，上面摆放着供品。供品主要包括月饼、水果（如苹果、葡萄、柿子等）、茶水、酒等。这些供品象征着丰收和富足，表达了人们对月亮的感恩之情。仪式开始时，家里的年长者会点燃香烛，向月亮行礼，然后表达对月亮的敬意和祈求。接着，全家人依次向月亮行礼，祈求平安和幸福。最后，将供品分发给家人享用，寓意着与月亮共享丰收的喜悦。

　　虽然现代社会的祭月仪式已经不如古代那样隆重，但祭月的传统仍然在一些地区和家庭中保留。它不仅是一种对传统文化的传承，更是一种对自然和生活敬畏之情的表达。现在，祭月活动更多地融入了家庭团聚的元素。中秋节的晚上，一家人围坐在一起，赏月、吃月饼，分享生活的美好。一些地方还会举办大型的中秋晚会或文化活动，通过现代的方式传承和弘扬祭月文化。

祭月习俗体现了古人对自然的敬畏和感恩之情，提醒人们要尊重自然、珍惜自然赐予的恩惠，也促进了家庭成员之间的情感交流，增强了家庭的凝聚力和归属感。它是中国传统文化的重要组成部分，它承载着丰富的历史和文化内涵，是中华民族文化传承的重要载体之一。

二、吃月饼

月饼是圆形的，象征着团圆和美满。在中秋节吃月饼，寓意家人团聚、生活幸福。中秋节期间，人们会购买或制作月饼，与家人一起分享。同时，月饼也是走亲访友的礼品，表达对亲友的祝福。月饼有多种馅料，如五仁、莲蓉、豆沙、蛋黄等，不同地区还有各自的特色月饼。总的来说，吃月饼是中秋节的重要习俗之一，它不仅是一种美食享受，更是一种文化传承和情感表达。

早在殷周时期，江浙一带就出现了"太师饼"，这种边薄心厚的糕点被认为是月饼的"始祖"。汉代张骞出使西域后，芝麻、胡桃等食材传入中原，出现了以胡桃仁为馅的"胡饼"，这种圆形饼为后来月饼的发展奠定了基础。唐代，月饼首次与中秋节联系起来。传说唐高祖李渊在中秋时接受吐鲁番人献的圆饼，并与大臣分享，从此中秋吃饼的风俗逐渐流传。到了宋代，月饼已经成为一种常见的点心，但并不局限于中秋节食用。南宋吴自牧的《梦粱录》中首次提到"月饼"一词，但此时的月饼更多的是一种市井小吃。明代，月饼正式成为中秋节祭月的必备供品，其圆形象征团圆。明代沈榜的《宛署杂记》记载，当时月饼有多种尺寸和馅料，甚至出现了直径二尺的超大月饼。清代，月饼的制作工艺不断提高，出现了更多种类和馅料，如五仁、莲蓉等。袁枚在《随园食单》中记载了一种以果仁为馅料的酥皮月饼，类似于现代的五仁月饼。

　　随着时代的发展，月饼的种类和口味越来越丰富，出现了广式、苏式、京式等多种风味。同时，月饼也逐渐从手工制作走向工业化生产，成为中秋节的重要礼品。近年来，月饼的馅料不断创新，除了传统的莲蓉、五仁、豆沙等，还出现了冰皮月饼、水果月饼、巧克力月饼等新品种。

　　月饼从古代的祭祀用品和普通点心，逐渐发展成为中秋节的重要象征，承载了丰富的文化内涵和人们对团圆的美好祝愿。

第八章　中国主要传统节日之重阳节

重阳节是中国传统节日之一，时间在每年的农历九月初九。这个节日的名称来源于《易经》，其中"九"是阳数，九月九日两个阳数相重，故称"重阳"；因日与月皆逢九，故又称"重九"。

重阳节的起源可以追溯到上古时期，当时的人们在秋季丰收时会举行祭天、祭祖的活动，以感谢天帝和祖先的恩德。到了春秋战国时期，重阳节逐渐形成，当时的人们认为九月九日是吉祥的日子。到了唐代，重阳节被正式定为民间节日。

重阳节有许多传统习俗，包括登高、插茱萸、赏菊、吃重阳糕等。它不仅是一个庆祝丰收的节日，也是一个尊老、敬老的日子。1989 年，农历九月初九定为"老人节"，倡导全社会树立尊老、敬老、爱老、助老的风气。2012 年，每年农历九月初九被定为"老年节"。

第一节　节日起源与传说

一、重阳节的起源与演变过程

重阳节是中国传统节日之一，历史悠久，文化内涵丰富。以下是关于重阳节的起源及历史演变的详细阐述：

（一）起源

1. 农作物丰收祭祀说

重阳节的源头可以追溯到上古时期。据《吕氏春秋·季秋纪》记载，古人在九月农作物丰收之时，会举行祭天帝、祭祖的活动，以感谢天帝和祖先的恩德。这是重阳节作为秋季丰收祭祀活动的原始形式。当时，人们还会举行大型的饮宴活动，这种活动是由先秦时期庆祝丰收的宴会发展而来的。

2. 古代祭祀"大火"的仪式

重阳节的原型之一是古代祭祀"大火"的仪式。"大火"（即心宿二）是古代季节星宿的标志之一。在季秋九月，"大火"隐退，《夏小正》称"九月内火"。大火星的退隐不仅使一向以大火星为季节生产与生活标识的古人失去了时间的"坐标"。同时，使将大火奉若神明的古人产生莫名的恐惧，火神的休眠意味着漫漫长冬的到来。因此，在"内火"时节，一如其出现时要有迎火仪式那样，人们要举行相应的送行祭祀仪式。这种祭祀活动后来逐渐演变成了重阳节的一些习俗，如江南部分地区有重阳节祭灶的习俗，祭灶神是家居的火神，这也可以看作是古代九月祭祀"大火"的遗痕。

（二）历史演变过程

1. 汉代：初步定型

重阳节在汉代逐渐从祭祀活动发展为固定的节日，增加了登高、宴饮等习俗。汉武帝宫中已有"九月九日佩茱萸、食蓬饵（重阳糕雏形）、饮菊花酒"的记载（见《西京杂记》）。

2. 魏晋南北朝时期：文化内涵丰富

魏晋文人雅士将重阳与诗歌相结合。陶渊明《九日闲居》诗序提到"余闲居，爱重九之名"，推动重阳的文人化。道教将"九"视为吉祥数，佛教寺院也会在重阳举行法会，赋予节日宗教色彩。

3. 唐代：成为法定节日

唐德宗时期，重阳节被正式列为国家节日，朝廷官员休假，民间盛行登高、赋诗。王维《九月九日忆山东兄弟》"遍插茱萸少一人"成为经典名句，反映节日团聚的主题。

4. 宋元明清时期：民俗多样化

宋代出现"重阳糕"（以糖、栗、枣等制作），取代早期"蓬饵"，寓意"步步高升"。明清时期，北方增加了射箭、赛马的习俗，南方则流行赏菊、放纸鸢。

5. 近现代：从避灾到敬老

20 世纪后，重阳节的避灾色彩淡化，因其"九九"谐音"久久"，被赋予长寿的寓意。2012 年修订的《中华人民共和国老年人权益保障法》明确规定："每年农历九月初九为老年节。"强调重阳节尊老、孝亲的文化内涵。

重阳节从先秦的祭祀习俗，经汉代定型、唐宋繁荣，到现代成为敬老的节日，体现了中国文化对自然、生命和伦理的深刻理解，其演变过程既是民俗的传承，也是传统价值观的现代表达。

二、有关重阳节的传说与典故

（一）传说：恒景斗瘟魔

相传在东汉时期，汝南县（今河南省驻马店平舆县北）有个青年叫恒景。有一年，汝河两岸流行起瘟疫，夺走了不少人的性命。恒景的父母也未能幸免，就连他自己也差点儿丧命。他病愈后，辞别了妻子和乡亲，决心访仙学艺，为民除害。

恒景历尽千辛万苦，终于在一座古山里找到了一位法力无边的仙人费长房。费长房被他的精神所感动，决定收他为徒，向他传授降妖剑术，还赠给他一把降妖宝剑。恒景废寝忘食地苦练，终于练出了一身非凡的武艺。

有一天，费长房告诉恒景，九月初九，瘟魔又要出来作恶，他的本领已经学成，应该回去为民除害了。费长房送给恒景一包茱萸叶、一壶菊花酒，并授以避邪秘诀，让他骑着仙鹤赶回家去。

恒景回到家乡，在九月初九的早晨，按照费长房的叮嘱把乡亲们领到附近的一座山上，发给每人一片茱萸叶、一盅菊花酒。中午时分，瘟魔冲出汝河，刚扑到山下，突然闻到茱萸的味道和菊花酒的醇香，脸色突变，瑟瑟发抖，不敢前行。这时，恒景手持降妖宝剑冲下山，与瘟魔搏斗，经过几个回合的激烈搏斗，终于将瘟魔刺死。从此，汝河两岸的百姓再也不受瘟疫的侵袭。

为了纪念恒景斩除瘟魔的功绩，人们将每年的九月初九定为重阳节。到了这一天，人们就会登高避疫、插茱萸、饮菊花酒。这些风俗也年复一年地流传下来，延续至今。

（二）传说：菊花仙子

很久以前，大运河边住着一个叫阿牛的农民。阿牛七岁丧父，靠母亲纺织度日。母亲因生活艰辛，眼睛哭瞎了。

阿牛长大后，决心治好母亲的眼病。他一边给财主做工，一边开荒种菜，换钱买药。但是，母亲的眼病仍未好转。一天，阿牛梦见一位姑娘，说沿运河往西的天花荡有一株九月初九重阳节才开的白菊花，能治眼病。

重阳节那天，阿牛在天花荡找到一株一梗九分枝的白菊花，就把它带回家，种在屋旁。他每天采一朵白菊煎汤给母亲喝，母亲的眼睛逐渐复明。消息传开后，财主来抢菊花，双方争夺中菊花被折断，阿牛伤心不已。半夜时，菊花仙子出现，告诉他菊花虽然折断了，但根未死，教他按《种菊谣》的方法种植，白菊花便能长出。

阿牛照做后，菊花果然长出。他还把种菊的技术教给乡亲们。后来，人们便把九月初九称作"菊花节"了。

（三）典故：孟嘉落帽

在东晋时期，有一位名叫孟嘉的才子，他很有才华，而且为人谦逊，风度翩翩。孟嘉在桓温的军中担任参军。桓温是当时很有权势的大将军，他很看重孟嘉。

有一年的重阳节，桓温带着手下的官员们去龙山登高、赏菊，还在山上摆了酒宴。大家都穿着整齐的军服，气氛很热闹。孟嘉也参加了这次宴会，他喝得有点儿多了，被山上的美景所吸引，没注意到一阵风把他的帽子吹掉了。

桓温看到了这个情况，觉得好玩，就悄悄地让周围的人不要告诉孟嘉，想看看他发现帽子丢了会有什么反应。过了一会儿，孟嘉要去上厕所，桓温趁机让人把帽子捡起来，还让一个叫孙盛的文人写了一篇文章，嘲笑孟嘉帽子掉了都不知道，挺没面子的。桓温把帽子和孙盛写的文章一起放在孟嘉的座位上。

孟嘉从厕所回来后，才发现自己的帽子丢了，看到座位上的帽子和孙盛的文章，他一点儿也没有生气，反而很从容地拿起笔，不假思索地写了一篇文章回应。他的文章写得文采飞扬，不仅巧妙地为自己辩护，还显示出他的豁达和幽默。在场的所有人都被孟嘉的才思和风度所折服，纷纷赞叹不已。

这个故事后来就传开了，人们用"孟嘉落帽"的成语来形容一个人即使在尴尬的情况下，也能保持才思敏捷、从容不迫、潇洒风流的气度。

第二节　节日文化内涵

重阳节是中国重要的传统节日之一，其文化内涵丰富，主要包括感恩与回报、敬老与长寿、祭祖与祈福三个方面。以下是对这三点文化内涵的详细阐述：

一、感恩与回报

感恩是重阳节的核心精神之一，重阳节蕴含着深厚的感恩文化，体现了人们对自然、祖先以及长辈的敬重和感恩之情。

重阳节正值秋季，是丰收的季节。古人认为秋季是天地之气交合、万物成熟之时，因此会在重阳节举行丰收祭天、祭祖的活动，感谢自然的恩赐。

重阳节又被称为"老年节""敬老节"，它强调对哺育、培养、教导、帮助自己的人心存感激，并通过实际行动予以回报，体现了中华民族尊老爱幼的传统美德。因此，重阳节也是人们祝福老人身体健康、长寿的绝佳时机。在现代社会，重阳节被赋予了新的含义，成为全社会关爱老人、弘扬孝道的重要时刻。

二、敬老与长寿

在数字中，"九"是最大的阳数。九九重阳，"九"与"久"同音，寓意长久、长寿，体现了人们对健康、长寿的追求。重阳节的许多习俗，如登高祈福、饮菊花酒、佩戴茱萸、吃重阳糕等，都与健康和长寿有关。这些习俗不仅表达了人们对长寿的向往，也体现了对健康生活的追求。

重阳节自古以来就有敬老的传统，重阳节是尊老、敬老、爱老、助老的重要节日，体现了中华民族对老年人的尊重和关怀。1989 年，被正式定为"老人节"，倡导全社会树立尊老、敬老、爱老、助老的风气。重阳节这一天，人们会通过各种方式表达对老年人的敬意，如举办敬老宴、开展志愿服务活动等。这些活动不仅丰富了老年人的生活，也弘扬了中华民族尊老爱幼的传统美德。

三、祭祖与祈福

重阳节是中国传统四大祭祖节日之一，与除夕、清明节、中元节并列。时值重阳节，古代民间素有祭祖、祈福的传统。在岭南等地，重阳祭祖的习俗至今仍然十分盛行，人们会在这一天举行祭祖活动，缅怀祖先，祈求祖先的庇佑，传承家族记忆，体现了中华民族慎终追远的传统。除了祭祖，重阳节还有登高祈福、饮宴祈寿等习俗。这些活动不仅表达了人们对祖先的敬意，也寄托了对家人健康、长寿的美好祝愿。

综上所述，重阳节的感恩与回报、敬老与长寿、祭祖与祈福的文化内涵，共同构成了这一传统节日深厚的文化底蕴，使其成为中华民族重要的文化遗产之一。

第三节 节日习俗与传承

一、登高

重阳节登高习俗的起源可以追溯到古代对山岳的崇拜。古人认为山岳是神圣的象征，能够带来清气和福泽。在《礼记·祭法》中提到："山林川谷丘陵，能出云，为风雨，见怪物，皆曰神。"这表明古人对山岳既敬畏又崇拜。此外，重阳节是农历九月初九，此时正值秋季，气候宜人，天高气爽，是登高远望的好时节。古人认为"清气上扬，浊气下沉"，地势越高，清气越聚集，因此，选择在这一天登高以享受清气。

在先秦时期，重阳节的登高习俗与祭祀活动密切相关。人们在这一天登高祭拜山神，祈求丰收和平安。这种习俗在汉代逐渐发展，形成了佩戴茱萸、吃蓬饵（类似重阳糕）、饮菊花酒等传统活动。到了唐代，重阳节的登高习俗更加普及，成为文人墨客喜爱的活动。唐代诗人王维的《九月九日忆山东兄弟》中"遥知兄弟登高处，遍插茱萸少一人"描绘了重阳节登高、插茱萸的习俗。杜甫的《登高》也反映了当时文人登高的风气。

随着时间的推移，重阳节的登高习俗逐渐从祭祀和祈福转向休闲娱乐和健康养生。如今，登高不仅是一种传统的节日活动，也成了人们锻炼身体、享受自然的一种方式。

二、赏菊、饮菊花酒

重阳节赏菊与饮菊花酒的习俗，最早可以追溯到汉代。据《西京杂记》记载，汉代已有在重阳节采菊酿酒的习俗，菊花酒被视为"吉祥酒"，可以祛灾祈福。而这一习俗的广泛流传，则与东晋诗人陶渊明密切相关。陶渊明以隐居、诗酒和爱菊闻名，他的"采菊东篱下，悠然见南山"等诗句，生动描绘了重阳节赏菊、饮酒的闲适生活，成为后世文人雅士效仿的典范。

菊花酒在魏晋南北朝时期逐渐盛行。晋代陶渊明的"酒能祛百病，菊能制颓龄"之说，进一步推动了饮菊花酒的风气。当时的菊花酒不仅用于节日庆祝，还被认为具有延年益寿的功效。唐代，重阳节赏菊与饮菊花酒的习俗更加普及。唐代诗人王维、李白等都有关于重阳节赏菊的诗句，反映了当时社会对这一习俗的重视。唐代的菊花品种繁多，赏菊成为文人墨客的重要活动。宋代，赏菊与饮菊花酒的习俗达到鼎盛。宋代的重阳节被称为"菊花节"，菊花的品种和栽培技术都达到了很高的水平。人们不仅在家中种植菊花，还会举办菊花大会，争相观赏菊花。明清时期，菊花酒的制作更加精细，加入了多种草药，使其具有更高的药用价值。明代医学家李时珍在《本草纲目》中指出，菊花具有"治头风、明耳目、去瘘瘤、治百病"的功效。

菊花被称为"延寿客"，象征着凌霜傲寒、长寿吉祥。重阳节饮菊花酒，寄托了人们对健康、长寿的美好祈愿。赏菊与饮菊花酒的习俗，体现了中国古代文人对自然的热爱和对生活的美好追求。这一习俗不仅丰富了节日的文化内涵，也成了中华文化的重要组成部分。

三、插茱萸

重阳节插茱萸的习俗最早可以追溯到古代对自然和季节变化的敬畏。古人认为农历九月初九是阳气最旺盛的日子，同时也是阴阳失衡、邪气容易滋生的"厄日"，因此需要采取一些措施来驱邪避灾。茱萸作为一种常绿、有香味的植物，被认为具有驱虫、避疫的功效，因此，被选为重阳节避邪和祈福的象征物。

据《西京杂记》记载，汉代已有在重阳节佩戴茱萸的习俗，认为这样可以避除恶气、祛病延年。此外，《续齐谐记》中也提到，南朝宋武帝刘裕为了维护统治，将重阳节定为"登高节"，并规定在这一天必须佩戴茱萸，这一习俗随后逐渐流传开来。

在古代，人们主要将茱萸佩戴在手臂上，或用布囊装茱萸果实，佩戴在身上，也有直接插在头上的。人们还会将茱萸挂在门窗等处，类似于端午节挂艾草的方式。到了唐代，插茱萸的习俗更加普及，成为重阳节的重要标志之一。唐代诗人王维的"遥知兄弟登高处，遍插茱萸少一人"生动地描绘了当时重阳节登高、插茱萸的风俗。此外，杜甫等诗人也有大量关于重阳节插茱萸的诗句，反映了这一习俗在唐代的盛行。宋代时，重阳节插茱萸的习俗进一步多样化，除了佩戴和装饰，茱萸还被用于泡酒、制作香囊等。此外，茱萸与菊花的组合也逐渐流行，人们在头上插茱萸的同时，也会插上菊花，寓意更加丰富。明清时期，插茱萸的习俗继续传承，但随着社会的发展和生活方式的变化，这一习俗逐渐从实用转向象征意义。到了现代，虽然插茱萸的风俗不如古代盛行，但依然在一些地区保留，是重阳节节日文化的重要组成部分。

茱萸被称为"辟邪翁"，其浓郁的香气被认为可以驱除邪气、避瘟疫，因此，在重阳节佩戴或插茱萸，寓意避疫、祈求平安。茱萸还有药用价值，可以祛病、延年。因此，重阳节插茱萸也寄托了人们对健康、长寿的美好愿望。

重阳节是一个思亲的节日，插茱萸的习俗也承载了对亲人的思念。插茱萸的习俗作为重阳节的重要组成部分，承载了丰富的文化内涵，反映了古人对自然的敬畏和对健康的追求。这一习俗的传承，有助于弘扬中国传统文化，增强民族的凝聚力。

四、吃重阳糕

重阳糕的历史可以追溯到古代的秋收习俗。据《西京杂记》记载，汉代已有九月初九吃蓬饵的习俗，蓬饵是最早的重阳糕。这种糕点最初是用黍米或米粉蒸制而成，用来庆祝秋粮丰收的，借此表达对自然的感恩之情。此外，重阳糕的起源还与古代的祭祀活动有关。古人会在重阳节用糕点祭祀祖先和神灵，祈求平安和丰收。

重阳糕在唐代以前就已经出现，当时的重阳糕被称为"蓬饵"，是一种简单的米粉或黍米糕。这种糕点的制作较为随意，主要用于祭祀和庆祝秋收。到了宋代，重阳糕的制作更加精细，品种也更加丰富。重阳糕被称为"花糕""菊糕"或"五色糕"，制作方法多样，通常用米粉、豆粉等原料，加入枣、栗子、杏仁等果脯与坚果，加糖蒸制而成。宋代的重阳糕不仅在民间广泛流行，还成为宫廷和贵族的节令食品。明清时期，重阳糕的制作更加讲究，品种繁多，如"糙花糕""细花糕"和"金钱花糕"等。这些糕点不仅用于庆祝节日，还成为赠送亲友的礼品。现代的重阳糕依然保留了传统特色，各地根据当地的风俗和口味，制作出各种风味的重阳糕。重阳糕的制作更加多样化，不仅有传统的蒸糕，还有烘焙、煎炸等多种方式制作的重阳糕。

重阳糕最初是庆祝秋粮丰收的食品，象征着人们对自然的感恩和丰收的喜悦。重阳糕的"糕"字与"高"谐音，寓意"步步登高"，表达了人们对事业和生活的美好祝愿。在重阳节这一天，人们通过吃重阳糕，希望生活和事业能够蒸蒸日上。重阳糕作为重阳节的重要习俗之一，承载了丰富的文化内涵，是中华文化的重要组成部分。人们通过吃重阳糕，可以更好地了解和传承传统文化。

第九章　中国主要传统节日之腊八节

腊八节，又称"腊日祭"等，是中国传统节日之一，时间在每年农历腊月初八。这个节日的起源可以追溯到古代的祭祀活动，最初是人们为了欢庆丰收、感谢祖先和神灵而举行的祭祀仪式。夏代称腊日为"嘉平"，商代为"清祀"，周代为"大蜡"，因在十二月举行，故称该月为腊月。先秦的腊日在冬至后的第三个戌日，南北朝时期开始固定在腊月初八。

最初，腊八节主要是祭祀祖先和神灵，祈求丰收和吉祥。后来，佛教传入中国，腊八节与佛祖释迦牟尼的成道日相结合，成为佛教徒纪念佛祖成道的重要节日。在这一天，人们会喝腊八粥，这一习俗最早始于宋代，盛行于清朝。腊八粥通常由多种食材熬制而成，寓意着祛疫迎祥、祈福增寿和感恩回馈。

第一节　节日起源与传说

一、腊八节的起源与演变过程

（一）起源

腊八节的起源有多种说法，以下是几种常见的说法：

1. 祭祖与腊祭起源说

腊八节最早起源于古代的"腊祭"。在中国古代，"腊"本是一种祭礼，称"大腊"。据《风俗通》记载，"腊者，猎也。因猎取兽祭先祖或者腊接也，新故交接，狩猎大祭以报功也"。在商代，人们每年用猎获的禽兽举行春、夏、秋、冬四次大祀，祭祀祖先和天地神灵。其中，冬祀的规模最大，也最隆重，后来将冬祀称为"腊祭"，将举行冬祭的那一天称为"腊日"。先秦的腊日在冬至后的第三个戌日，南北朝时期开始固定在腊月初八。

2. 佛教起源说

腊八节与佛教的结合也较为紧密。相传，腊月初八是佛祖释迦牟尼的成道日。古印度人为了不忘佛祖成道以前所受的苦难，也为了纪念佛祖在十二月初八悟道成佛，便在这天以吃杂拌粥作为纪念。佛教传入中国后，各寺院在这一天煮粥敬佛，即腊八粥。清代苏州文人李福曾有诗云："腊月八日粥，传自梵王国，七宝美调和，五味香糁入。"因此，腊八粥也被称为"佛粥""福寿粥"等。

3. 赤豆打鬼传说

腊八节还有一种说法是来自"赤豆打鬼"的风俗。传说上古五帝之一的颛顼氏有三个儿子，死后变成了恶鬼，专门惊吓孩子。古人认为大人、小孩中风得病、身体不好都是由于恶鬼作祟。这些恶鬼天不怕、地不怕，单怕赤（红）豆，故有"赤豆打鬼"的说法。所以，在腊月初八这一天以红小豆、赤小豆熬粥，以祛疫迎祥。

4. 朱元璋传说

腊八节的起源还有一种说法与朱元璋有关。传说当年朱元璋落难在牢里受苦时，正值腊月初八这一天，又冷又饿的朱元璋从监牢的老鼠洞里刨出一些红豆、大米、红枣等七八种五谷杂粮，熬成了一锅粥。后来，朱元璋做了皇帝，为了纪念在牢里受苦的那个特殊的日子，便把那天定为"腊八节"，把自己那天吃的杂粮粥正式命名为"腊八粥"。

5. 纪念岳飞说

在河南等地，腊八粥又称"大家饭"，是纪念民族英雄岳飞的一种节日食俗。传说岳飞率部抗金于朱仙镇，正值数九严冬，岳家军衣食不济、挨饿受冻，众百姓相继送粥，岳家军饱餐了一顿"千家粥"，结果大胜而归。这天正是腊月初八。岳飞死后，人民为了纪念他，每到腊月初八，便以杂粮、豆果煮粥，终于成俗。

6. 修建长城传说

腊八节还有一种说法与秦始皇修建长城有关。传说秦始皇修建长城时，天下民工奉命而来，长年不能回家，吃粮靠家里人送。有些民工，家隔千山万水，粮食送不到，致使不少民工饿死于长城工地。有一年腊月初八，无粮吃的民工们合伙积了几把五谷杂粮，放在锅里，熬成稀粥，每人喝了一碗，最后还是饿死在长城下。为了悼念饿死在长城工地的民工们，人们每年腊月初八吃"腊八粥"，以资纪念。

这些说法各有其文化背景和历史渊源，共同构成了腊八节丰富多彩的起源故事。

（二）历史演变过程

腊八节的历史演变过程可以分为以下几个阶段，涵盖了从古代祭祀到佛教融合，再到民间习俗的丰富与发展的过程：

1. 早期起源与祭祀文化

腊八节的起源可以追溯到古代的"腊祭"。在中国古代，"腊"是一种祭礼，称"大腊"。据《风俗通》记载，"腊者，猎也。因猎取兽祭先祖或者腊接也，新故交接，狝猎大祭以报功也"。这表明"腊祭"与渔猎经济密切相关，是用猎获的野兽祭祀祖先和神灵的活动。在商代，人们每年用猎获的禽兽举行春、夏、秋、冬四次大祀，其中冬祀规模最大，也最隆重，后来被称为"腊祭"，举行冬祭的那一天称为"腊日"。

2. 汉代的发展与固定

到了汉代，腊祭的具体日期逐渐固定下来。汉武帝改用《太初历》，以正月为岁首，以十二月为腊月，并定腊月初八为腊祭之日。此时，腊祭的习俗已经相当普遍，人们在腊月初八这一天祭祀祖先和神灵，祈求丰收和吉祥。

3. 佛教传入与融合

佛教传入中国后，腊八节与佛教文化逐渐融合。相传，腊月初八是佛祖释迦牟尼的成道日。佛教传入中国后，各寺院在腊月初八这一天煮粥供佛，后来这种习俗逐渐传播到民间，形成了腊八节喝腊八粥的习俗。腊八粥也被称为"佛粥""福寿粥""福德粥"。

4. 唐宋时期的兴盛

唐代时，腊八节与佛教紧密相关，主要在寺院中举行浴僧、浴佛、煮

"药食"等活动。到了宋代，腊八节成为与腊日节并驾齐驱的节日，腊八粥成为腊八节的节令食物。宋代的腊八粥不仅在寺院中流行，还逐渐成为民间的习俗，人们会在腊八节这天煮腊八粥，祭祀祖先，祈求平安。

5. 明清时期的繁荣

明清时期，腊八节的习俗更加丰富。腊八粥的制作更加讲究，不仅用料多样，还融入了更多地方特色。在宫廷中，皇帝会向大臣和僧侣赐腊八粥。在民间，腊八粥成为家庭团聚的重要食品，人们还会将腊八粥送给亲朋好友。

6. 现代传承与演变

现代的腊八节依然保留了喝腊八粥的习俗，腊八粥的制作更加多样化。部分地区，腊八节还有吃腊八面、腊八饭、腊八豆腐等食物的习俗，寓意着对新年的美好祝福。此外，腊八节也逐渐融入了更多现代的意义，如感恩、团圆等。在一些地区，腊八节还保留了祭祀祖先和神灵的习俗。

总的来说，腊八节从古代的祭祀活动，到佛教的融合，再到民间习俗的丰富与发展，经历了漫长的历史演变过程，成了一个具有深厚文化内涵的传统节日。

二、有关腊八节的传说与典故

典故：朱元璋和腊八粥

朱元璋小时候家里很穷，为了糊口，他在地主家放牛。有一次，他牵牛过独木桥，牛不小心摔断了腿。地主很生气，把他关在一间破房子里，不给他饭吃。

朱元璋又冷又饿，饿了两天两夜，实在受不了了。就在他绝望之际，他发现了一个老鼠洞，于是就挖了起来，结果挖到了老鼠的"粮仓"，里面有大米、豆子、红枣等好多杂粮。朱元璋很高兴，就把这些东西放在破锅里，煮成了一锅粥。这粥虽然简单，但朱元璋觉得特别香，比他吃过的任何东西都好吃。

后来，朱元璋当了皇帝，生活好了，但还是忘不了那天吃的粥。为了纪念那段苦日子，他下令每年腊月初八大家都要煮这种粥，还给它命名为"腊八粥"。这个习俗慢慢地流传下来，成了腊八节的传统习俗之一。

第二节　节日文化内涵

腊八节是中国重要的传统节日之一，其文化内涵丰富，主要包括感恩与祈福、辞旧迎新、养生与保健三个方面。以下是对这三点文化内涵的详细阐述：

一、感恩与祈福

腊八节源于古代的腊祭习俗，是"春祈、秋报"这一人类崇拜和祭祀自然活动在后世的遗存，包含着古代先民对来年农业丰收的殷切期盼，对祖先的感恩与敬畏。人们在腊八节这天会准备丰盛的祭品，如五谷杂粮、瓜果蔬菜等祭祀祖先和神灵，感谢他们过去一年的庇护，祈求新的一年风调雨顺、五谷丰登。腊八节前一天或当天，民间有驱傩除疫的风俗，通过各种仪式活动祈求风调雨顺、五谷丰登、人寿年丰、国富民强和天下太平。如今，虽然祈福的形式在一些地方有所简化，但感恩之情依然深深扎根在人们心中。人们通过喝腊八粥、泡腊八蒜等习俗，表达对生活的美好祈愿。

二、辞旧迎新

腊八节标志着中国传统春节的序幕正式拉开，自古有"过了腊八就是年"的说法，腊八节的到来意味着春节的临近。从腊八节开始，人们开始置办年货，家里也会大扫除，布置过年的环境，准备迎接新年的到来。

腊八粥是腊八节最重要的习俗之一，具有深厚的文化意义。腊八粥的用料丰富多样，包括各种谷物、豆类和干果，象征着农业丰收的成果。腊八粥不仅是祭祀祖先和神灵的供品，也是人们互相赠送的礼物，通过赠送腊八粥，人们建立了更广泛的情感联系。

在北方，腊八节的主要习俗是喝腊八粥，而在南方的一些地区则有做腊八腊味的习俗。此外，北方一些地区在腊八节还有吃腊八面的习俗。

三、养生与保健

腊八节的习俗中蕴含着丰富的养生智慧，体现了人们对健康的重视。腊八粥是腊八节最具代表性的食品，通常由多种谷类、豆类与干果共同熬制而成，如粳米、薏米、花生、核桃、红豆等。这种粥不仅营养丰富，还能健脾养血、益气固表、增强抵抗力。腊八节还有泡腊八蒜的习俗。腊八蒜具有杀菌、增强免疫力的功效，能够预防冬季感冒等疾病。腊八节前后气温低，寒风凛冽。此时，人们会注重养生，如用艾草泡脚、晒太阳、早睡早起等，以调理身体，增强免疫力。

综上所述，腊八节不仅是一个传统节日，更是一个承载着中华民族优秀传统和美德的重要节日。腊八节的感恩与祈福、辞旧迎新、养生与保健等文化内涵，共同构成了这一传统节日深厚的文化底蕴，使其成为中华民族重要的文化遗产之一。它体现了对祖先的感恩、对丰收的庆祝、对健康的追求以及对新年的期待。

第三节　节日习俗与传承

一、喝腊八粥

腊八节喝腊八粥的习俗起源有两种：一种说法是佛教起源说。腊八粥的习俗最早与佛教有关。相传释迦牟尼在修行时，因苦修而身体虚弱，后因一位牧女献上乳糜（一种用牛奶和谷物煮成的粥），他食用后恢复了体力，最终在腊月初八悟道成佛。为了纪念这一事件，佛教徒在腊月初八煮粥供佛，并分给百姓食用。另一种说法认为腊八粥起源于古代的腊祭。腊祭是古代祭祀祖先和神灵的活动，人们用各种谷物和果实煮成粥来祭拜。

腊八粥的习俗最早见于宋代。南宋吴自牧在《梦粱录》中记载，腊月初八，寺院会煮五味粥，称为腊八粥。此时，腊八粥主要在寺院中流行，后来逐渐流传到民间。到了明清时期，腊八节喝腊八粥的习俗更加盛行。明代，宫廷会在腊八节煮粥供佛，并赐给大臣和宫女。清代，雍和宫每年腊八节都会举行盛大的熬粥仪式，由皇帝派官员监督。此时，腊八粥不仅是一种宗教仪式，也成了民间的重要习俗，家家户户都会煮粥庆祝。如今，喝腊八粥已成为腊八节的重要习俗，各地腊八粥的食材和做法也更加丰富多样。除了传统的谷物和果实，还会加入各种干果和坚果。腊八粥的食材主要有糯米、红枣、红豆、花生、桂圆、莲子等。这些食材不仅营养丰富，还具有驱寒保暖、滋补身体的作用。

腊八粥的习俗从佛教传入中国后逐渐形成，并在历史演变中融入了民间文化，成为腊八节的重要象征。

二、泡腊八蒜

泡腊八蒜是腊八节的重要习俗之一。腊八蒜的制作方法非常简单，通常选用紫皮蒜和米醋。将蒜瓣的老皮去掉，放入干净的容器中，倒入米醋，密封后，置于阴凉处保存。经过一段时间的浸泡，蒜瓣会逐渐变绿，最终变成翠绿色，口感脆嫩，带有醋香。

腊八蒜一般在腊月初八开始制作，到了除夕夜或春节期间食用。它常作为饺子的配菜，增加风味。泡腊八蒜是腊八节的传统习俗之一，代表了节日的传统和民俗文化。冬季寒冷，腊八蒜具有温暖身体、驱寒除湿的功效。腊八蒜的"蒜"与"算"谐音，在古代，商家会在腊八这天算账，清点一年的收支。因此，腊八蒜也象征着对过去一年的总结和对未来生活的期许。

腊八蒜的习俗与古代的"腊日"祭祀活动有关。在古代，"腊日"是重要的祭祀日，人们会用各种方式祈求神灵保佑来年丰收、平安。蒜在民间被认为有驱邪、避疫的作用，因此被用作祭祀的供品之一。随着时间的推移，腊八蒜的制作和食用逐渐从祭祀活动演变为民间的一种习俗。在北方地区，腊八蒜成了腊八节的必备食品之一。如今，腊八蒜不仅是一种传统美食，还被赋予了更多的文化内涵和健康意义。它不仅口感独特、味道鲜美，而且具有很高的营养价值。蒜中含有丰富的大蒜素和多种微量元素，具有杀菌、消炎、增强免疫力等功效。而醋则有促进消化、软化血管、降低胆固醇等作用。因此，腊八蒜不仅是一道美味佳肴，更是一种健康的养生食品。

　　泡腊八蒜的习俗体现了人们对健康、平安的祈愿，以及对传统文化的传承和发扬。

图书在版编目（CIP）数据

中国传统节日文化研究 / 王立著. -- 北京：中国
农业出版社，2024. 12. -- ISBN 978-7-109-33249-2

Ⅰ. K892. 1

中国国家版本馆 CIP 数据核字第 2025G1R969 号

中国传统节日文化研究

ZHONGGUO CHUANTONG JIERI WENHUA YANJIU

中国农业出版社出版

地址：北京市朝阳区麦子店街 18 号楼

邮编：100125

责任编辑：孙利平　张　志

版式设计：杨　婧　　责任校对：吴丽婷　　责任印制：王　宏

印刷：北京中兴印刷有限公司

版次：2024 年 12 月第 1 版

印次：2024 年 12 月北京第 1 次印刷

发行：新华书店北京发行所

开本：700mm×1000mm　1/16

印张：10.75

字数：181 千字

定价：68.00 元